高效演讲课

[美]约瑟夫·伯格·埃森魏因◎著
刘嘉慧◎译

江苏凤凰科学技术出版社·南京

图书在版编目（CIP）数据

高效演讲课 /（美）约瑟夫·伯格·埃森魏因著；刘嘉慧译. --南京：江苏凤凰科学技术出版社，2019.4（2026.1重印）
ISBN 978-7-5537-9858-5

Ⅰ. ①高… Ⅱ. ①约… ②刘… Ⅲ. ①演讲－语言艺术 Ⅳ. ①H019

中国版本图书馆CIP数据核字（2018）第275748号

高效演讲课

著　　者　[美] 约瑟夫·伯格·埃森魏因
译　　者　刘嘉慧
责任编辑　祝　萍　杨睿智
责任设计　蒋佳佳
责任校对　罗章莉
责任监制　方　晨

出版发行　江苏凤凰科学技术出版社
出版社地址　南京市湖南路1号A楼，邮编：210009
编读信箱　fhhzbook@163.com
出版社网址　http://www.pspress.cn
印　　刷　天津丰富彩艺印刷有限公司

开　　本　880 mm × 1 230 mm　1/32
印　　张　7
字　　数　127 000
版　　次　2019年4月第1版
印　　次　2026年1月第2次印刷

标准书号　ISBN 978-7-5537-9858-5
定　　价　45.00元

图书如有印装质量问题，可随时向我社印务部调换。联系电话:（010）64825211。

前 言

本书旨在从理论和技巧方面启发读者，有一定实操性并且符合大众的接受能力，而不是覆盖各个方面。本着这个原则，我相信本书全面、充分地阐释了公共演讲者吸引并抓住读者注意力的关键技巧。从业 15 年，我发现较少演讲者有机会学习到公共演讲方面的课程，所以我相信本书中的技巧和讲解会受到大家的欢迎。演讲手册中的方法已经被淘汰，取而代之的是常识性的讲解。本书中的说明和解释都力图做到平实、直接，帮助演讲者找到触及听众内心的方法。

本书明确划分了各个部分，形式上更适合作为教科书使用。文中适时出现的鼓励也不显得突兀，无论是学生还是老师都能在阅读时保持轻松愉悦的心情并充满动力。在使用本书进行教学时，我建议老师们尽可能手把手地对学生进行指导，简洁明了的课程教学会极大地减轻学生的学习负担。同时，老师可以引导学生独立研读本书，以达到事半功倍的效果。

附录有助于本书主体部分内容发挥启发读者、辅助教学的作用。

约瑟夫·伯格·埃森魏因

再版前言

此次再版对演讲手册的修改主要出于两个方面的考虑：首先是使其适应当今的需求；其次是使本书更符合作为学校教材的要求，附录 E 中涵盖的一系列实用的练习课体现了这一点。练习课中汇集了作者自己在东北大学国际基督青年会学院（International Y.M.C.A.College，Northeastern University 位于美国马萨诸塞州斯普林菲尔德）的公共演讲课程和在其他地方开设的专门课程中使用到的方法。相信书中讲授的方法会同作者的课程一样卓有成效。

约瑟夫·伯格·埃森魏因

1928 年 5 月 1 日

于马萨诸塞州斯普林菲尔德（Springfield,Massachusetts）

CONTENTS | 目录

第一部分
高效演讲从基础开始

思想一旦被唤醒，就再也不会沉睡。

——《论英雄和英雄崇拜》，托马斯·卡莱尔

在我看来，如果要给“演说家”下一个全面的定义，那么能当得起这个名号的演讲者应当举止得体，对任何话题都能够准确、清晰、优雅、流畅地表达自己的观点。

我所说的演说家，可以有力并优美地谈论任何他希望探讨的话题，他的语言令人赞叹；他渊博的学识涉及所有学科，充实甚至启发了他的雄辩。虽然我们似乎很难达到这个标准，但是，我们必须承认它并非遥不可及。

——《论演说家》，西塞罗

第一课 了解演讲的本质

思绪会呼吸，文字会燃烧。

——《诗的进程》，托马斯·格雷（Thomas Gray）

人们通过说话来表达思想，所有的语言都是为了把说话者心中所想传达给听众，所以思想既是语言的起源，也是语言的结果。那么也就不难理解无论是为了引起思考、安抚情绪、取悦人心、逗乐消遣、说服听众还是传授知识，演讲一直是：

1. 思想工具

因此演讲必须符合思维规律。演讲的灵魂在于其传达的思想，所以审视每一篇演讲的思想至关重要。想要详尽地探讨思想的表达，就不免涉及论证说理的科学和艺术，即逻辑。而对演讲词句、篇章的琢磨则属于修辞的范畴。

演讲的另一要素是：

2. 情感

思想会受到情感的影响，但我们不能混淆二者。比方说，演讲者想要谴责一个罪犯，其指控罪犯的初衷和对罪犯罪行的罗列一同构成了这篇演讲的思想；而演讲者言辞间的义愤、慷慨激昂的抨击或呼吁则展现了他的情感。演讲时掌握好表现情感和传递思想的平衡非常关键。运用得当，就不会表现得过分激动，也不会枯燥无聊地只是说理。

演讲的第三个要素不太容易被意识到：

3. 意愿

这个要素还有其他叫法，但分析下来就会发现它们指的都是同一个概念。正是“意愿”赋予了一篇演讲以个性和说服力。失去意愿，则思想无法呼吸，文字也不再燃烧。

如果思想、情感和意愿三者不能相辅相成，演讲者就会失去掌控，听众甚至会反过来引领演讲者，那么这样一场演讲就注定是失败的。

从大的层面上讲，一篇演讲就能展现演讲者其人。演讲的主题确定之后，演讲者的个性就成了最重要的因素。只有个性的三个方面（思想、情感、意愿）统一起来发挥作用，听众才能全身心投入其中。

引领听众的关键在于演讲者在思想、情感、意愿三个层面上对自己的把控。你如果已经将演讲烂熟于心，那么接下来的任务就是把所有的思想、情感和意愿传递给听众并让他们身临其境般地感受到你的所思所想。讥讽或悲情，雄辩或议论，描述或说教，不管任何主题，演讲者都需要认识到这个道理。听众对演讲者演讲的内容信服与否是判定一场演讲是否成功的唯一标准，这也是听众能否产生共鸣的直接原因，一定要牢牢记住。

第二课 让演讲精彩的 5 种表达形式

她文采飞扬；
只要着意说理或论辩，
就能让人折服。

——《量罪记》第一幕第二场，莎士比亚

演讲家常用的5种用于口语或写作的表达方式为：描述、陈述、解说、论证和劝导。论证与劝导常被视为同一种表达方式。

鉴于以上分类颇为抽象，进一步考察这 5 种表达方式的本质和讨论范畴就显得十分必要[①] 了。

一、描述

杰农（John Franklin Genung）说："描述即用语言表现具体事物、物质或精神。"这个定义简单直接又含义深刻，值得学生们细细揣摩。

想要在演讲中作出生动准确、引人入胜的描述，你应该做到以下 6 点：

①篇章形式的实用技巧参见第十四课。

1. 确定一个视角并在演讲中始终保持这一个视角。保持你的描述视角始终一致，这样听众才能从你的角度感受事物，就像绘制地图时要设立比例尺一样。

2. 先简要介绍整体环境，再刻画细节。开头的整体描述有利于烘托主题、渲染气氛。

3. 删去对描述效果没有帮助的意象或语句。反映在脑海中的细节并不总是对演讲有利，堆砌无用的细节可能会起到反效果。

4. 精细刻画重要的特征。“重要的特征”指的是一件事物明显区别于其他事物的特点。

5. 遵循自然的、符合逻辑的递进顺序。描述顺序有一处混乱，整个画面的和谐就会被打破。注意合理安排描述顺序。

6. 以画面的全貌做结尾，使收尾部分富有表现力。人们对开头和结尾往往印象最深，所以要训练自己去捕捉事物特点的思维，最终做到在单个的情景、动作、体验或人物中看到整体；在精挑细选词句之前，对整体画面要有精确的把握。换句话说，在把事物转化为语言讲述给听众之前，你先要做到胸有成竹。

演讲中精彩的表达或让人耳目一新的形象往往来源于演讲者在脑海中构思好的画面，这也是优秀的演讲者经常在描述一件事的时候使用形容词和意象的原因。

二、陈述

陈述是按照事情的发生、发展顺序，讲述一个或多个事件具体情况的表达方式（有时会调整顺序以获得更强烈的表达效果）。

陈述与描述这两种表达方式联系紧密，经常同时使用，相辅相成。

1. 清楚地知道事情的来龙去脉。

这一点是所有演讲的基础。

2. 陈述详略得当。

3. 谨记陈述部分在演讲中的用意，特别是用于解释说明的陈述段。否则听众容易过于关注故事情节而忽略了这一段存在的目的，解释的作用就被掩盖了。

4. 陈述的内容必须有一个贯穿始终的主题。偏题是致命的。陈述是讲述事件的艺术；如果事件开展拖沓，连接松散，缺乏多样性、趣味性和曲折性；或者悬念揭示得太快，情节安排虎头蛇尾，读者难免会失望而丧失阅读兴趣。

三、解说

解说即清晰、简洁地介绍事物。解说不是说理，也不是议论；解说只回答“是什么”“为什么”的问题和揭示问题的实质。

由于本书相对浅易，所以仅列出 4 个解说的常用思路。

1. 下定义。用简明的语言揭示解说对象的本质特征，将其区别于其他事物。将容易混淆的概念区分开，阐明他们在定义上的差异是一篇优质演讲稿的基础。

2. 归大类。将解说对象归入不同等级的大类，如种、属、目、纲等，分类趋于综合。

3. 分类别。和归大类正相反，将解说对象分为互相关联的几部分，分类趋于细化。

4. 一般化。比较简单的解说中，可以给出广义、概括的阐释。

合理地使用例子进行阐释可以有效增强解说的表达效果。值得注意的是，虽然论证中常引用大量事例来支持观点，但解说不等于论证。

想要把解说做好，首先要有一个清晰的头脑。当被要求定义一个非常复杂的概念时，有人回答："你一问我，我就不知道了。"①如今有一些概念不可能被清晰地定义，但我们不能止步于这些特例：除了下定义，其他解说方法或许能够行得通。我们有时感觉自己已经完全掌握了一个概念，但在用到这个概念的时候却发现自己的理解模棱两可。所以，解说类的演讲可以检验演讲者对解说对象的掌握情况。为了保证演讲的效果并让听众领会演讲者的意思，演讲者必须能清晰、全面地把握演讲主题。这也是所有优秀演讲的基础。

四、论证

论证是表达观点的过程。为了达到这个目的，论证应该遵循逻辑规律。麦克什（James McCosh）表示逻辑规律是"规范发散性思维的科学"；惠特利（Richard Whately）认为逻辑规律是"论证的科学与艺术"。

很多人对"逻辑"这个词印象很糟：人们渴求"逻辑"的力量却被它的错综复杂所慑服。事实上，没有什么比常识性推理更

① 引自杰农的《修辞学的工作原理》。

简单了。艰深的论证环节和晦涩的术语对专家来说也许并不困难，但对于一个演讲者来说，他只是用逻辑来表达思想，所以了解一些基本的论证形式就足够了。逻辑的基本论证形式是“谦逊的、朴实无华的”，人们在耳濡目染中对它习以为常。基本的逻辑没有过多的标新立异，不让人费解，也不神秘。没有含糊其辞，也从不戏谑，这种平实的语言一向明白易懂并且只围绕一个主题。

论证有两种形式：一种是立论，另一种是驳论。

（一）立论

1. 立足事实。调查论据的过程与写说明文的准备工作非常接近。正如之前对解说的要求一样，清晰、准确的论证很大程度上是一篇好的演讲的基础。

可以采用以下 4 种方法获得需要的事实论据：

（1）运用你的直觉。比方说：你是你，你不是别人。你不需要观测数据、证据或通过论证来相信这一个事实，因为这是你有意识以来，最早接触到的事实。

（2）亲自观测或调查。

（3）选用来源可靠的证据。

（4）向权威人士求证。

2. 从事实中得出结论。这一过程被称为“归纳”。归纳法不只是把事实堆叠在一起，而是通过事实的排列组合得出让人信服的结论。柯南·道尔塑造的夏洛克·福尔摩斯就很擅长使用“归纳法”这种推理方法。福尔摩斯通常先尽可能多地收集确凿的证据，然后推导出其他可能发生过的事件，最后用它们构建出一个合理的理论。在找到新的证据支持或反驳他的理论（逻辑学上称为“猜想”）的正确性前，他会一直坚持这个理论。构建一个“假说”“睿智的猜测”或是“合理的理论”便是所有归纳法的基础。

请记住，最热切的提问者总是对他身边的事物产生各种疑问。那么，我们该如何从掌握的事实中推理并得出结论的呢？以下是几个简单的办法：

（1）由已知条件论证其可能造成的结果。这种方式在逻辑学上称为“由因及果论证”。比方说，如果控方律师能有力地证明嫌疑人有非常强的杀人动机，那么对被告的不利推断便可成立。

（2）从已知的结果论证其可能的起因。这种方式在逻辑学上称为“由果及因论证”。举个例子，如果一位演讲者希望证明私酒贩卖是罪恶的，那么他可以简单地指出私酒贩卖的不良后果。“由果及因论证”就是在以言行识人，从言行产生的影响判断一个事物的好坏。

杰农曾对这两种归纳方法有过研究总结：

“研究表明，任何关于因果关系的论证都必须做到以下 3 点才有决定性：起因切实存在；起因是进行推断的充分条件；不利条件或可能性不足以反驳该推断。”

（3）从充足的间接证据中得出结论。有时证明事件成立的确凿证词不存在，并且其他条件明显指向该事件，那么这些条件被称为“旁证”，亦称“间接证据”。

与确实发生的事件相比，其他条件的指向不能作为重要证据；

但当指向充分且有针对性，论证就显得有力。举个例子，环境条件指出菲利普·弗朗西斯可能是《朱尼厄斯的信》的作者，但是证据并不足以证实他的作者身份。

控方律师采用了间接证据来论证自己的结论，形式与下面这个例子类似：

杀人犯的衣服上往往沾有血迹。

被告的衣服上有类似的血迹。

推出：被告是杀人犯。

杀人犯一定在犯罪时间内出现在犯罪地点附近。

被告在犯罪时间前后被人看见出现在犯罪地点附近。

推出：被告是杀人犯。

杀人犯一定踏上过红土并到达了被害人被杀的谷仓。

被告的鞋底有成块的红土。

推出：被告是杀人犯。

例子有很多，在此不一一列举。我们可以观察到，以上的推论互相支撑。这样的形式称为“累计证据”，即使没有直接的证词出现，也会具有一定的可信度。

（4）用过去的经历预言某种做法会导致怎样的结果或者为这种做法正名。比如冒不必要风险的人一般都遭遇了不幸。合理的推论就是“不要冒不必要的风险”。这一类归纳说理多用于在道德方面呼吁人们独立思考或规劝听众。

这一方法中常用的句型之一是逻辑学所称的“强调”。托马斯·

杰斐逊（Thomas Jefferson）曾说："有时候，人们说一个人连他自己的政府都不信任。那么，他能信任别人的政府吗？"

其他方面也能找到许多典型例子。

"如果儿子向身为父亲的你要面包，他会得到石头吗？如果他向你要鱼，他会得到蛇吗？如果他想要一枚鸡蛋，他是否会得到一只毒蝎子？如果你身负罪业尚且知道给孩子好的东西，那么神圣的上帝将会赐予那些祈求圣灵的人多少好的东西呢？"

"那草今天还长在地里，明天就会被抛进炉子，上帝尚且如此妆点它，更何况是你们呢，你们太没信心了。"

（5）使用类比论证。演讲人可以将两个事件或两组事件类比，然后指出因为一些公认的共通之处，二者在其他方面也可能相似。类比不能证明充分性，但运用得好可以证明可能性。如果将没有可比性的二者做类比，那么可能性也不复存在。亨利·德拉蒙德（Henry Drummond）的《信仰世界中的自然法则》（Natural Law in the Spiritual World）是应用类比论证的一个典范，他的整套论证就源于类比。

现代的思想家认为类比的主要价值是在于解释说明。

3. 由一般原理推演特殊情况。这样的推理过程，与"归纳"正相反，称为"演绎"。我们已经讨论过，归纳是研究单个的事实，然后把单个独立的事实结合在一起得出一个结论或概括的原理。而演绎则是从概括的、公认的原理入手，推广至这个原则适用的事例。

归纳推理的基础是一个说得通的理论或猜想，而演绎推理的基础则是**“三段论”**。用语言很难定义出令人满意的“三段论”，而且显得化简为繁，因此，我们从结构出发探究它的特点。

三段论

大前提：人终有一死。

小前提：约翰是人。

结论：因此，约翰终有一死。

从例子中我们立即可以发现大前提描述了适用于所有情况的一般性情况：人终有一死。小前提是具体的例子：约翰是人，这个例子包含在大前提的“人”的分类中。适用于一个群体的描述必然适用于这个群体中的每个成员，所以得出结论：约翰终有一死。

显然，我们的思维很少这样正式且有意识地做推理，但三段论是“所有建立在一般真理上的论证的内在结构”。通常，演讲者会使用这个三段论的省略式：人终有一死，显然约翰的命运不会是例外。由于“约翰是人”是不言自明的陈述，所以演讲者会略去小前提。无论是大前提还是小前提，当条件显而易见时，可以省略两个前提中的一个。缩略形式的三段论被称为**“省略推理法”**，这在演讲的说理部分尤为常见。

扩展“怜悯他人者有福，将受人怜悯”这句话，你会得到以下三段论：

大前提：被怜悯者有福。

小前提：怜悯他人者将被怜悯。

结论：因此，怜悯他人者有福。

在组织三段论时，一定不要想当然地认为前提是显而易见的便省略掉。很多情况下，只是作者认为这个条件很明显，但是对于听众而言，省略掉这个前提的话，论证就说不通了。①

为了得出一个可靠的结论，确保前提条件的正确是非常重要的。很多演讲者都采用这个策略：在介绍结论前，先向听众证明前提的正确性。这种方式称作**“扩展式三段论”**。扩展式三段论可能长达一个或多个自然段；有时甚至作为整个篇章的框架出现。

结论看起来荒谬可能是由于前提设置得不够合理。举莎士比亚的一句著名台词为例：

大前提：“闪光的不一定是金子。”②

小前提：金子闪光。

结论：金子不一定是金子。

如果莎士比亚说：“不是所有闪光的都是金子”，那么在论证中大前提的句式和内容就是合理的，也就不会得出这看似荒谬的结论了。

演讲者也会将三段论拓展成一个系列，称为**“复合三段论”**。

该囚犯曾蓄意向死者施用砷化物。

蓄意向他人施用致死性毒药是一级谋杀的重罪。

---

① 前面归纳推理部分给出的例子与省略式三段论不同，这是因为归纳推理的条件是条件的指向，而不是切实的证据；演绎推理的三段论中，前提是构成结论的实证。

② 引自《威尼斯商人》第二幕第六场。

犯下一级谋杀重罪者应被执行死刑。

死刑不公开执行。

因此，该囚犯应被执行死刑，不公开执行。

我们可以看到上述这一系列论证由以下四层三段论组成：

第一层三段论

大前提（容易理解）：施用砷化物就是施用毒药。

小前提（A）：该囚犯曾蓄意向死者施用砷化物。

结论：因此，该囚犯曾向死者施用毒药。

第二层三段论

大前提（B）：蓄意向他人施用致死性毒药是一级谋杀的重罪。

小前提（A和第一层三段论的结论）：该囚犯曾蓄意向死者施用砷化物。

结论：因此，该囚犯犯下了一级谋杀的重罪。

第三层三段论

大前提（C）：犯下一级谋杀重罪者应被执行死刑。

小前提（第二层三段论的结论）：该囚犯犯下了一级谋杀的重罪。

结论：因此，该囚犯应被执行死刑。

第四层三段论

大前提（D）：死刑不公开执行。

小前提（第三层三段论的结论）：该囚犯应被执行死刑。

结论（E）：因此，该囚犯应被执行死刑，不公开执行。

有一个有趣的复合三段论的故事：色雷斯人把狐狸雷纳德（Reynard the fox）放到了结冰的河面上来测试冰层的厚度。雷纳德把耳朵贴在河面上若有其事地说："发出声音的东西都在动；在动的东西没有被冻得硬邦邦；不硬邦邦的东西就是液体；液体不能承载重量。因此，我听到冰面下方不远处有还没结冰的水的声音，这冰层太薄了，不足以支撑我们的重量。"色雷斯人听从了这只狐狸的推理，没有再尝试从冰上过河。当然，故事中雷纳德采用的几个前提不能深究。

探究各种形式的三段论是"细分逻辑学"的内容，对于普通学生可能帮助不大。[①]

4. 归纳演绎法。一位演讲者在论证时不要把自己的思路局限在单一的逻辑方法上。他应该学着准确且得心应手地使用所有论证手段。

（二）驳论

一位演讲者常常不自觉地处在另一位发言人的对立面。他必

---

① 希望进一步研究三段论的读者，可以了解一下这几条规则：1. 三段论中有且仅有三个词项。2. 三者中只有一个可以作为中项。3. 必须有一个前提是肯定的。4. 任何一个前提是否定的，结论一定是否定的。5. 证明一个否定的结论，前提之一必须是否定的。约束条件为：1. 与同一条件一致的词项互相一致；两个词项中只有一个词项与第三个词项一致，则这两个词项不一致。2. 适用于一个大类的条件必定适用于大类中的所有个体；不适用一个大类的条件必定不适用于大类中的所有个体。

须超越或批驳对方的观点。没有指南写明如何实现这个目的，但驳论的思路倒是非常值得钻研。有时，仅仅摆出事实就足以凭借事实的力量来驳倒对方，但通常我们需要更进一步的手段。

你很少能把激烈反对你的听众争取过来赞成你的观点，所以，不如把力气花在让那些态度不明朗的听众明确自己的态度上，让他们赞成你的观点。然而，不少演说家大获全胜是因为他们攻克了坚决持反对意见的听众。著名律师鲁弗斯·乔特就是一个典型的例子。“在一场长达 5 小时的陪审团演讲中，有 3 个小时他都把火力集中在顽固的陪审团长身上，试图用自己雄辩的才能说服他，但看起来徒劳无功。直到最后，对方紧绷的面色放松下来，强悍的双眼湿润了。鲁弗斯·乔特再一次成了全场的主宰。”

有 4 种方法可以驳倒一个观点，不论这个观点是你的对手明确提出的，还是你认为自己希望说服听众相信的这个观点。这些方法你都会用到，可以根据演讲的主题确定侧重其中一种或几种策略。

1. 使用简单的反驳。用事实回应事实，用论证回应论证。

2. 可以不反驳对方的观点。尽管持相反观点，但可以通过展示严密的推理来肯定自己的观点。

3. 证明除了自己的观点，其他的立场都站不住脚。如何实现这一点：

（1）削弱对方的观点，使其显得荒谬（归谬法）。论证时，演讲者先假设对立观点是正确的，然后基于这个假设逐层推导直至顺理成章使这个得到的结果显得荒谬。此类机智的唇枪舌剑有一定发挥空间，但演讲者的立场要坚定且可靠，否则对方可以用同样的方法回敬。

例子：一名男子被指控撰写了叛国的文章。作为论证的基础，辩护律师先承认文章中的看法有叛国倾向，但紧接着指出每一条观点都在《独立宣言》和《美国宪法》中有据可查，就这样证实了这项指控的荒谬性。

（2）为对方的立足点设置两难。将对方的立场划分为两种仅有的可能性，然后用有说服力的论证对它们一一进行批驳。最终只有演讲者自己的立场站得住脚，从而为听众们所接受。

有一个例子，罗马士兵宣称：在他们睡觉的时候，耶稣的门徒从墓中偷走了耶稣的遗体。那么，当时士兵们要么是在睡觉，要么是清醒的。如果他们在睡觉，那么他们宣称遗体被偷的证词有效吗？而且，士兵打盹是死罪。如果他们当时是清醒的，他们为什么没有奋起反抗？这些罗马士兵无话可说。就这样，士兵们的证词不实，耶稣也死而复生。

使用这个办法很有可能导致出现“歪理”。“如果两难局面的形式准确，又有相应结论，那么唯一的应对策略就是指出提出的两种情况之外还有其他可能性。”①

《堂吉诃德》中有名的两难悖论就是基于“歪理”的。简短说来，悖论是这样的：在桥的一端有一座法院，另一端有一个绞刑架。每个希望过桥的人都必须回答两个问题：你去哪儿？你为什么要去那里？如果这个人如实回答，他就可以自由过桥；如果

① 引自麦科什的《逻辑》。

这个人说假话，那么他会在过桥之后被绞死。

有一个人来到法院然后回答说：他要去桥的另一端，目的是被绞死在那里。桑丘·潘沙陷入了两难：如果他绞死这个人，那么他会杀死一个说实话的人；如果他让这个人自由过桥，这个人就应该因说谎而被绞死。

用“两难”应对“两难”。雅典有位母亲对儿子说：“不要涉足公共事务。如果你坚持公正，人们会恨你；如果你背弃公正，神会恨你。”儿子反驳说：“那我更应该投入到公共事务中了。如果我背弃公正，人们会喜欢我；如果我坚持公正，神会喜欢我。”

（3）在逻辑上逐个击破。这一类说理“先陈述问题的各个方面，然后开始批驳，并逐个逐个地驳倒，直至最后只有一个方面成立。”①

故事“不义的管家”② 中用到了逻辑上逐个击破的论证。管家即将被主人辞退，“这个不义的管家心里想，主人要辞退我了，我应该怎么办？我不会锄地，我嫌乞讨丢人，我知道自己该怎么做了。”像许多论证能力不强的演讲者一样，他没有列举出所有能采取的行动。

4. 指出对方观点的谬误。谬误指的是任何导致论证不可靠、得不到结论的错误。谬误的结论也是一种谬误。惠特利对谬误的定义中涵盖了欺骗的概念：“任何不可靠却要求我们相信的论证形式，或对某些问题妄下定语的观点。”

---

① 引自《修辞学的工作原理》。

② 引自《路加福音》，第十六章，第1–8条。

演讲者除了能够很快地发现其他人论证的漏洞，也必须能快速看到自己论证的弱点。千里之堤毁于蚁穴。精心构思的论证结构会因为论证的基点有误而摇摇欲坠甚至坍塌。

一位机敏的演讲者即使没有正式学习过逻辑学也应该发现、避免逻辑上的谬误。可能出现的逻辑谬误有很多，这里仅列出几个基础的推理错误，希望大家注意：

（1）正确的条件有可能得出错误的结论。逻辑学上称之为“不根据前提的推论”，因为此类推导不按照推理的逻辑顺序，条件不是结论的充分条件：

大前提：所有的人都是动物。
小前提：四条腿的动物不是人。
结论：因此，四条腿的动物不是动物。

虽然，不能否认两个前提都是正确的，但它们之间没有逻辑关系，而结论也不是二者的必然结果。正确的结论是：

因此，不是所有动物都是人。

另：

大前提：所有的自由人都热爱自由。
小前提：这些人不自由。
结论：因此，这些人不热爱自由。

谬误在于：假定“只有”自由人热爱自由，条件不能证明结论。

（2）词语一词多义。一词多义有时会使推理过程显得似是而非，对同义词很了解的人会遇到这个问题。比如，注意以下三段论中对“计较”的两个义项的应用：

大前提：不计较的人生活幸福。

小前提：邋遢的人不计较修饰外表。

结论：邋遢的人生活幸福。

有时候，这种谬误来源于双关语，经过有意地曲解，产生荒谬的效果：

大前提：传教士会传播知识。

小前提：船舶知识与造船有关。

结论：因此，传教士会造船。

或者，一连串双关之后这种谬误才显现出来：

画了横线的本子是笔记本。

笔记本是计算机。

计算机是电器。

因此，画了横线的本子是电器。

上面这个例子也幽默地体现了“偷换概念”的逻辑谬误：将一个概念欺骗性地替换为另一个，最终得到一个似是而非的结论。

（3）以假设为论据狡辩来回避问题。这是谬误中最常见的一种，逻辑学称其为“循环论证”：将希望证明的论点作为论据使用；回避提供论据的责任。例如：麦考利（Macaulay）的《英国史》是可靠的历史，因为其准确描述了英国历史上的大事件。描述是准确的，因为麦考利在一部可信的历史中收录了这些描述。

莫里哀（Moli è re）的一部喜剧中有一个有趣的例子：鸦片能催眠因为它有催眠的功能。

（1）“循环论证”或“回避问题”。再进一步便是兜圈子论证，即“恶性循环”。

命题：人们不应该偷盗。

A. 偷盗是错误的。

B. 偷盗是错误的，因为偷盗违背了《道德律》。

C. 偷盗违背《道德律》，因为《圣经》中禁止偷盗。

D.《圣经》中禁止偷盗，因为偷盗违背了上帝的意愿。

A. 偷盗违背上帝的意愿，因为偷盗是错误的。

一个循环涵盖范围越大就会涉及越多条陈述，觉察到其中不合理的地方就越困难。

（2）不完全列举。这种错误也很常见，指的是没有考虑到所有可能情况就得出结论，比如，有人可能说：所有内陆的独立水体都是淡水。举例中似乎提到了所有内陆的、不与其他水体流通的湖或海，但是没有提到里海（Caspian Sea）和死海（Dead Sea），这二者流淌的都是咸水，因此驳倒了之前的论断。不完全举例是未经过专业训练者常犯的错误。确实，天生擅长论证的人很少，但整体而言，教育可以帮助我们不犯或少犯错误。

五、劝导

劝导是指通过哀求、说理或情感上的呼吁使对方采取一定行动的技巧。

“劝导”比“论证”涵盖更广。论证只关注思想，劝导则经常在改变思想、敦促行动时使用争论的手法作为“诉诸情感”的基础。有时劝导完全不说理，而只诉诸情感，但同样是为了让听众采取行动。劝导甚至会完全丢掉事实论据，转而通过攻击以及操控偏见、想象和情感达成目的。若能得心应手地将二者结合起来，并让二者互相补足，就会成为演讲者手中威力最大的利器。并不是说不擅长论证所以采用劝导，劝导更像是对人性的肯定。能吸引并抓住听众注意力的演讲者绝不会忽视人的各种心理。假如论证部分让听众感觉不快，通过劝导则能为冷冰冰的说理增添人文关怀，如同为坚硬的石头注入鲜活的生命，使说理富有人文关怀。

劝导有两个方面：

1. 理性论辩。这一点在“论证”一节中详细阐述过。

2. 感性呼吁。听众更容易在感性上作出回应而不是理性上。这样说并没有贬低广大听众的意思。事实上，所有人的行动都是由情感推动的，所以演讲者应该认识到理解人类的本性和运用其

① 引自安德鲁·戈迪的《当代心理学》（Gordy’s, Psychology, in loco）中有关于“情感”的精彩讨论。

强大的威力的重要性。[1]由于本书论述的是演讲者对听众情感的影响，而非演讲者的心理活动，所以几个实际生活中的例子便足以给读者带来启发：

（1）演讲者必须先拥有某种情感，然后才能让其他人也体会到。强烈的情感能激发口才。就像历史上的克洛伊索斯（Croesus），他唯一活着的儿子不会说话。当居鲁士大帝攻占了萨迪斯（Sardis）后，一名士兵没有认出克洛伊索斯[1]，正要当头重击这位国王，恐惧与对父亲的爱冲击着王子，然后他“打破了舌尖的禁锢，嘶吼道‘将士，留克洛伊索斯一命！’”所以，情感诉求可以归结为两点：演讲者的真实情感和他本身的性格。

（2）利用听众本身的情感。演讲者无法将新的情感强加给听众，但是“劝导是通过对一系列行为的描述或表达来贴近或认同演讲受众的强烈意愿。这样在自身的意愿驱动下赞同演讲者的观点。”

一位演讲者一定要了解他的听众到这种程度。就像是安东尼知道“面对一群人，自己应该触碰哪些话题”[2]一样。

哈姆雷特（Hamlet）递给吉尔登斯（Guildenstern）乐器，并要求他演奏。吉尔登斯拒绝说自己不会，于是哈姆雷特控诉道：

“哈，瞧瞧你，把我当成了什么不值钱的东西。你要弄我，以为自己知道我的心思，你想探出我最深处的秘密，你多方试探我，从最低音试到最高音。现在这小小的乐器里蕴藏着那么多、

---

① 引自《古代史》，罗林（Rollin），第四卷，第一章，艺术。

② 引自《感觉与理智》，贝恩（Bain）。

那么精美的音乐，你却无法奏响它。哼，你认为我比乐器更容易耍弄吗？随便把我当成什么乐器吧。你能烦扰我，却不能耍弄我。”①

吉尔登斯的任务并不简单，他没有达成目的。但是这恰恰是希望劝导别人的演讲者的任务。爱默生（Emerson）在一篇论述雄辩的文章中表达了同样的想法：

“我们所说的艺术家可以拨弄听众的心弦，正如钢琴大师敲击黑白键；看到暴怒的人，他可以缓和这个人的情绪并让其平静下来，然后引导这个人或笑或泪。无论他面对的听众是谁，他们或粗俗或雅致，或喜悦或不快，甚至是正在气恼或者未经教化，即使他们闭口不言自己的想法或只在忏悔时向神父倾诉，精通演讲艺术的演讲者都有自己的办法去适应和愉悦听众。而听众会将演讲者讲述的观点付诸行动。”

（3）阐明引起感情的对象。“我们应该感恩”这句话没有感染力；生动形象地展示感恩之情的来源才真正有感染力。爱恨情仇、慷慨与贪婪、敬仰与轻蔑、悲悯与幽默、雄浑与柔美，这些情感都不以人的意志为转移，说出现就出现。然而，对情感来源进行具体描述却可以引发特定的情感。只是简单地讲述这样那样的情境是崇高的、神圣的并不能让听众感受到其中的崇高与神圣，相反，用语言描摹出高耸的、散发光芒的景象，其中的描摹对象宏伟壮丽，听众的感受才会被唤起。描述的对象的所有特点都应符合该对象原本的情况，然后演讲者就可以任由对情感来源

① 引自《哈姆雷特》，第三幕，第二场。

的描述制造效果了。描述来源时，不要忘记引导感情走向。

反过来说也是一样：想要摆脱一种情绪，只说一句“你不要这样想”是没有用的，应该提供另一种更强烈的情绪来替代它。驱散愤怒最好的办法就是提供一些更有吸引力的、愉悦的、幽默的内容来转移听众的情绪。

如上面我们探讨过的，打动听众主观意志是通过打动感情、思想或二者兼顾实现的。一些表演的唯一目的就是激发听众的情感使其获得快感。这样的目的却远不是劝导的初衷。劝导的最佳效果是引导听众的想法或感情，并使之表现出来。高明的演说家在劝导时会利用听众的每一次叹息、泪水和笑声，让听众接受自己的观点，并相应有所行动。安东尼不满足于阅读凯撒大帝的遗嘱、展示凯撒的衣钵、详述凯撒的美德；他不曾停止动员人群，直到看到人们内心深处的情感带领他们对阴谋家进行复仇，直到他们同仇敌忾：

“复仇！动手！抓住他们！烧！火！杀！屠戮！一个叛徒都不能留！”[①]

安东尼对这个效果很满意，然后自言自语道：

“现在，让它闹起来吧——灾祸已然发生，就随它发展吧。”

上面安东尼的这种举动，虽然常常没什么意义，却是标志性的纯粹演说。如果目的在于促使人行动，一场演说让人充满了斗志，听众却没有真正行动起来，那么这场演说就是失败的。那些有名的传教士、政治演说家或是煽动家，他们都很擅长劝人放弃

① 引自《裘力斯·恺撒》，第三幕，第二场。

长久的罪恶和珍视的追求并转而接纳演讲者倡导的生活和思想。

六、总结

这5种形式都可以用于演讲。但要记住，它们很少单独使用。你可以合并甚至修改这些形式以适应你的演讲主题。语调、情绪、主题、演讲者和场合决定了演讲中应主要应用哪一种。形式杂糅，使听众无法分辨这几种形式的主次，是演讲者非常容易出现的误区。

第三课 了解演讲的 4 个类型

我的生活之道是不对任何一件事过度着迷。

——特伦斯

所有的公共演讲可以概括为 4 类：即兴式演讲、提纲式演讲、诵读和大型庆典或节日的致辞。

一、即兴式演讲

即兴式演讲就是指没有事前准备的演讲。急智可以是人天生的禀赋，也可以是后天练习的结果，人们羡慕它也畏惧它。俾斯麦曾称即兴演讲为“致命的雄辩”。拥有这项才能的人很容易忽视事前准备，所以习惯用一系列词语来表达论点。一些场合非常适合即兴演讲，但很少有人能充分地利用所给时间。除非演讲者事先受过有准备的演讲的基础训练。演讲者表面看似长袖善舞、八面玲珑，但实际上他是在以往的思考和阅读积累下来的素材中抽取材料，唯一需要的是根据特定场合把素材组织成合适的语言。

一般来说，即兴演讲者在观点和表达方面都不甚准确，沉迷于华而不实的辞藻和“不能反映事实的格言”。而少数能够真正应时应景发表演说的即兴演讲者，则已经在练习有准备的演讲的过程中，学会了应该如何更好地进行演说。

二、提纲式演讲

提纲式演讲主要见于演说或论证等表现形式，演讲前未写出完整讲稿，但已经有过认真思考。在演讲中，演讲者会参考摘要或备忘录。虽然要在准备工作上下一些功夫，但提纲式演讲对培养无笔记（摘要或备忘录）演讲的能力有帮助：增强记忆力、掌握直接有力的表达和学会如何给听众留下印象。

三、诵读

这类公开演讲指在公开场合朗诵诗歌或散文。一些作家认为“诵读”用在政治或法律方面，而描写性的诗歌散文类则称之为“背诵”。非讲稿作者本人直接发表的演说都是诵读，所有戏剧中的语言都是“诵读”或是“背诵”。

四、致辞

“致辞”是提前正式准备的、在特定场合就关乎听众个人的话题进行的演讲。这一类演讲比较严肃，一般较为感性。

致辞的定义中有两点需要强调，本节和后续章节中都会出现：

其一，演讲中采用的事例应该关乎听众个人。如不能做到这一点，致辞就既没有趣味也不会推动听众采取行动，只是在发言而已。因此演讲者的目的和语气决定了演讲的主题、事项和风格。

其二，由于偏个人化，致辞一般比较感性。当然，致辞也谈论思想，大多数致辞的初衷都是希望说动并改变听众的意志。但是致辞是在打动听众情感的过程中，引导听众做出判断，这也是致辞与一般公开发言的本质差别。

由于很多人认为打动听众情感非常重要，所以将演说细化到了“致辞”以及前面提过的“劝导”。亚里士多德（Aristotle）指出演讲是“寻求所有领域的所有劝说方法的学问”。虽然劝导在大多数演讲中十分重要，但亚里士多德的名言并非演讲的定义，因为许多演讲不具有劝导的功能。

我们应该注意到，在考虑演讲时我们应该严格遵循定义。无论演讲者选用的是即兴式演讲还是认真写就的文本，上面强调的差别一定要谨记。有许多演讲事实上是讲出来的学术论文，或者是伪装成演讲的学术报告。这种情况在大学课堂里格外突出。

理性论辩和感性呼吁的差别可以这样解释：

杰农教授曾说：“一个人在试图说明火星上有生物居住时，他是在解决一个论证问题。他在寻求真相，或至少是寻求一个综合了各种可能性的结论。他步骤清晰地解决了问题，问题的答案却不会引起听众的兴趣。”也许论证过程和结论引起了他的兴趣、激发了他的思考，但却与他个人无关，因此不会唤起他的一丝情绪。这可以与昌西·古德里奇教授（Dr.Chauncey A.Goodrich）描述中丹尼尔·韦伯斯特（Daniel Webster）职业生涯的一个片段比较。

著名的达特茅斯法案（Dartmouth College Case）中，丹尼尔详尽地阐释了私营企业的有关法律后，他发表了“历来不涉及人身权的民事案件中最为精彩的”总结陈词：

“法官大人，这是我的案子。这件案子不只关乎这一个学院，更关乎美国土地上所有的大学，甚至更广。它也与我们整个国家的慈善团体息息相关。我们的祖先虔诚地建立了那些伟大的慈善事业，减轻了人们的苦难，在人们的人生道路上播撒福祉。甚至更广！在某种意义上，这个案子关乎我们每个人，因为我们拥有的财产可能被剥夺。问题如此简单：我们的立法机构是否应该拿走本不属于他们的东西、改变其原有的用途，并把它用在立法机构自认为适合的地方？”

“法官大人，您可以摧毁这所小小的学院，它很脆弱，它就在您的手中！我明白它只是我们这个民族文化地平线上的微弱光芒。您可以扑灭它。但是，如果您扑灭了它，您以后也要一直这样做！您必须一个接一个地扑灭所有的科学之光。这些更强大的辉光已经在我们的土地上闪耀了超过一个世纪！”

“法官大人，就像我之前说的，这个学院很小，但仍有很多人热爱它。”

他接着说，他压抑许久的感情爆发出来。他的嘴唇微微颤动，他结实的面颊因情绪激动而发抖，他的眼中盈满了泪水，他的声音哽咽，他挣扎到了极点只为控制自己的感情，像个男子汉一样不让情绪决堤。至于他又用了哪几个充满温情的词语断断续续地讲述他对这所学院的感情，我就不再细说了。他的整个讲述始终穿插着对父亲、母亲、兄弟的回忆，以及他是如何经历贫困和其他琐事的。大家都看到了，他完全没有准备，他的内心承受重压，只能用语言和眼泪略做缓解。

在那两三分钟的时间里，法庭显得有些不寻常。首席大法官马歇尔（Marshal）弯下了他高挑瘦削的身体，仿佛想要拾起一声叹息，法令纹随着情感的深入而扩展，他的眼中充满了泪水；在他旁边的身形瘦小的华盛顿（Washington）法官，表情坚毅得像极了一块石板，他身体前倾，看起来热切且忧虑。其他人坐在法庭的两端，视线集中在一点上；靠近法官的人围成紧密的几层，他们想要捕捉到讲话者的每一个表情和动作。如果把人们的姿势和表情以及站在中心的韦伯斯特画成油画，这幅画一定会是演讲史上最令人动容的作品之一。

第四课 区分演讲的 4 项分类

演讲可以比作勇士的眼睛，在哲学家智慧的额头下熠熠生辉。

——《基于事实的猜想》，黑尔（Julius Hare）

自亚里士多德的时代以来，思想家们大致将演讲分为三类，而天主教和宗教宣传的出现则带来了第四类，即布道类演讲。

一、法庭演讲或法律演讲

韦伯斯特在达特茅斯法案中的答辩就属于这一类。法庭演讲或法律演讲旨在争取或保护人权、公司权利或公民权利。希腊人和罗马人的法庭演讲达到了近乎完美的高度，只是他们使用过的很多材料不再适用于现在的法庭。现代国家也很重视法庭演讲，但随着法律体系的发展，法庭演讲明显衰落。法庭演讲分两类：面对法官的法庭演讲和面对陪审团的法庭演讲。

二、协商演讲或政治演讲

这类演讲的一个绝佳范例是伯克（Edmund Burke）的《论与

美洲和解的演讲》。面对多个正在权衡利弊的对象，旨在引导他们支持或反对某个事项的演讲被称为“协商演讲”。这一类型的演讲可以追溯到遥远的古代，文学作品中保留了许多精彩的例子。

如今，无论是在听众提出问题、解决问题的集会上，还是在听众聚在一起商讨重要事项之前，参与协商的演讲者很多时候都可以展现自己的能力。只有当个人问题影响到一个群体的利益时，协商演讲才用于处理个人问题。

三、宗教演讲

这类演讲中，比彻（Beecher）论“播种与收获”是一个有名的例子。由于能够影响的人数和所探讨主题的特点，宗教演讲比其他类别更重要。宗教演讲更倾向于个人，有机会将 100 年前艰深的神学思考解说得更加切合实际。

四、表达感情类演讲或特别场合演讲

这一类演讲在所有类别中覆盖面最广，并且有很多应用，下面会提到。

在法庭演讲、协商演讲和宗教演讲中，演讲者追求通过影响听众的思维逻辑和感情来改变他们的意愿，感情表达类演讲则不尽相同。感情表达类演讲希望听众牢记事实而不是敦促听众开始行动；旨在长才、怡情而不是给人以动力；旨在做出公平恰当的评论，而不是肯定论断。深入探讨表达感情类演讲的几个类型比只列举定义可以更有效地向你展示它们的不同。

最常用的类型有：

特别场合类演讲。发表演讲的特别场合包括：①周年纪念（如昌西·M. 迪普在乔治·华盛顿总统就职演讲100周年时的演讲）；②致辞（如亚伯拉罕·林肯葛底斯堡演讲）；③缅怀（如丹尼尔·韦伯斯特论述约翰·亚当斯和托马斯·杰斐逊的生平的演讲）。

颂词和谩骂应视作同一类表达感情类演讲，它们的名字足以定义内容。当演讲者歌颂一个人的优点的同时也批评这个人的过错，尽力给出公允的评价时，这样的演讲被称为“评估”。

在《现代美国演讲》中，R.C. 林沃尔特表示以个人为主题的演讲中有两种普遍使用的办法：“第一种，也是曾经很多人遵循的方法被称为传记法。按照时间先后，悼念人详细地陈述主人公由出生到逝世的生平，并在结尾留出片刻时间做评论和反思。”（对比爱德华·埃弗里特（Edward Everett）歌颂拉斐德侯爵的悼词。）大多数演讲者使用的都是第二种方法，因为这种方法对演讲者来说可能更容易展开以及引起听众的兴趣。这种办法不按时间顺序叙述，而是“努力筛选并讲述主人公的人生成就、主张、影响力以及可能的历史地位”，这一种方法的长处十分明显。

大众演讲是一个整体的概念，涵盖其余的所有的感情表达演讲类型。讲座等面向社会或学校的特殊场合的讲话以及餐后演讲都应该被归到这一大类。由于个人品位不同，场合的性质也带来了许多限制，对此做专门探讨价值不大。第二部分中出现的内容会更多涉及“情感表达演讲”和“宗教演讲”。

第五课　让听众产生共鸣——口才的重要性

听他畅谈兵法，可怕的战争在你听来会是音乐。

——《亨利五世》第一幕第一场，莎士比亚

有时，演讲者的口才会达到“激烈的简单”的境界。爱默生说口才是“对观众的主权占有”；莱曼·比彻（Lyman Beecher）将其描述为“灼烧的逻辑”；而德昆西（De Quincey）写道：“某些情境会激发强烈的情感，而好口才让我们在这些情境中领略情感的流露。”但这种灵魂沟通的玄妙，既不能被教授，也不能被确切地定义——我们必须通过说明、规范和举例来靠近它。因此，丹尼尔·韦伯斯特（Daniel Webster）这样描述：

“在重要场合面向公共机构，强烈而又关乎重大利益的情感被激发时，没有什么比将演讲与才智和道德等结合起来更有意义了。清晰、有力和真诚等演讲特质铸就了说服力。真正的口才，确实不在于话语。口才并非来源于外部。下功夫学习很辛苦，但只会徒劳无功。词汇和短语可以用各种方式进行排列，但词汇和短语不是口才的全部。口才依存于人、主题和场合。造作的情感、夸张的表情和浮夸的辞藻等，都是对口才的效法，并不是真正的口才。好口才的出现，就像喷泉或者火山爆发，带着一股自发的、原始的以及与生俱来的力量。

如果人们自己的生活、妻子、孩子乃至国家的命运都处于紧急时刻，那么学校里教授的礼仪、昂贵的装饰品、刻意造作的语言就只会让人感到震惊和厌恶。这样，语言就失去了力量，修辞也显得苍白，所有精致的演讲都沦为卑劣。即使是天才，也会感到备受非议和压力，因为存在更高尚的品质。爱国主义有说服力，献身有说服力。清晰的概念超越了逻辑推理，崇高的目标、坚定的决心、不屈不挠的精神从嘴里说出来，从眼睛里发出光芒，影响各个方面，敦促一个人全身心地投入自己的目标，这就是好口才的体现；或者，更确切地说，它是超越了口才的一种更伟大、更崇高的东西，是一种高尚、崇高、神圣的行动。”

因此，我们发现真正的口才与高尚的思想是分不开的。这种才能十分稀罕，往往出现在将自己的信念建立在崇高的真理上、将自己的生命投入到无私的奉献中的人身上。口才就是如此敏感，需要不寻常的思想、感情、事件或场合来激发它。

重要的是，要认识到口才不是完全主观的，口才需要听众的回应。一个人的天赋无论多高，如果不能使听众产生共鸣，就不能达到雄辩的境界。演讲者与听众的思想和感情必须融为一体。演讲者不仅要赢得听众的思想、感情和意志，还要敏锐地体察听众的反应。正是演讲者和听众之间这种难以捉摸但十分重要的互动，催生出了一种艺术、天赋和环境的绝妙组合。我们将这种组合称为口才。麦考利（Macaulay）写到皮特（Pitt）时表示：“他崇高和激动人心的口才在下议院备受推崇，却常常在上议院行不通。”后面我们会论述，虽然口才不能被传授，但演讲家可以通过准备工作调动自己和听众，实现雄辩的效果。

第二部分
做好准备工作是演讲成功的前提

准备好各方各面。

——爱尔兰卡万伯爵（the Irish Earl of Cavan）的格言

与其他所有艺术门类一样，在文学中结构也极为重要；结构会被感知也会被遗忘，结构无所不在。将这种建筑学概念用在作品中，从开篇统筹结尾且从不偏题、兼顾局部和整体，贯穿始终作品的吸引力从未减弱，但在最后一句揭示并解释开头。这是文学的条件之一……我称其为关注风格的必要性。

——沃尔特·佩特（Walter Pater）

只有演讲者了解了公众演讲的本质，他才会对演讲呈现的文学形式非常熟悉，并决定尝试何种类型的演讲——只有这样他才能聪明地开展具体的准备工作。演讲者彻底掌握了前几章中概述的基础原则后，能更快、更有效地进行准备。

我们几乎不必详述准备工作的重要性，然而，众多考虑不周的演讲，以及许多人对应变能力的过分依赖，证明了太多的演讲者要么准备得不够充分，要么根本没有准备。

普鲁塔赫（Plutarch）强调，狄摩西尼（Demosthenes）最关注的就是准备工作。从这一点上看，一些没有思想的人推测他并不是一个伟大的演说家。“皮西厄斯（Pytheas）曾告诉狄摩西尼，他所有的论辩都带着一股灯油味。狄摩西尼则严厉地反驳：‘是的，的确如此。但你的灯和我的灯，朋友，并没有见证同样的辛劳。’面对其他人，他不假意否认事前准备，但他告诉他们，自己既不写完整的讲稿，也从未在认真写过第一稿前就发表演讲。”[①]

泰特勒（Tytler）这样评价这位伟大的演说家：“他的声音刺耳而粗野，发音十分模糊，动作笨拙而拘谨。认识到自己的不足之后，他夜以继日地私下练习，直到完全改变为止。然后他对自己的能力有了信心，突然爆发，成为他这个年纪最杰出的演说家。”

狄摩西尼的事例影响了很多演讲家。所以，想要认真地吸引和抓住听众的演讲者，一定不要对自己的听众嗤之以鼻，更不要低估准备工作的重要性。

---

① 引自《狄摩西尼的生活》，普卢塔赫。

第六课 打动人心的关键是创意

世界上有两种艺术家：一类是他们的精神使他们工作，即使他们愿意，他们也无法保持沉默；另一种是自身产生了对美的赞赏，自觉地想要将美传播给其他人。

——《达摩克利斯之剑》，安娜·凯瑟琳·格林（Anna Katherine Green）

塞缪尔·约翰逊（Samuel Johnson）提起《悲歌》的作者格雷（Gray）时曾说，"许多人觉得他很棒，因为，他的语言虽然很乏味，但是形式新颖。"① 随着时间迁移，这样粗鲁的评价已经不合时宜，但批评家至少侧面描述了原创性的本质。大量号称原创的作品不过是将旧的思想套进新的形式里，或是旧材料的新组合。创意是一个相对的名词。

一、测试原创性

你需要了解自己的思想是否具有创造力而不是去评价其他人。"SURE 测试"可以为你提供一些帮助：

我对新接触到的事实反应如何？

我是否听过了事实之后，又原样或基本不变地输出？如果鸣谢了作者，这就是引用，否则就是剽窃。

---

① 引自《约翰逊的生活》，鲍斯威尔。

当我刚接触到一件事时，是否感到兴奋并产生其他的想法，但是仍然原样讲述这件事情？（测试是否有拓展性。）

我在接触到新鲜事物时，是否除了兴奋外，还吸收、转化、阐释并充实它，进而让我的讲述带有自己的特色？（测试是否有原创性。）

以上为测试内容的全部。测试中提出的标准很高也具有决定性。原创的想法是个新生命，是将外在事物与内在思想相结合的结果。丰富的才智、开放的心态、敏锐的感知以及付诸行动或接纳变化的心态是所有与智力有关的品质中最罕见的。这些品质构成了原创性。

在《沃德的替身》一书中，詹姆斯·克纳普·里夫（James Knapp Reeve）笔下的人物表示："新颖的想法一生只会出现一次。当它终于出现时，我们应该善待它。"对于大多数人来说，一次都算多了。也许普通人拥有精巧、新颖、机智等品质，但从未拥有原创性。我不是在贬低任何人。不擅长原创的人居多，即使是擅长的人也不可能一直展示自己的才能，而且许多敏锐、渊博的知识分子没有在较高层次上达到原创。此外，即使是对有才能的人来说，有些真理也只起到激发灵感的作用。因为真理自成体系，改变可能就是摧毁。原创的意义不是得到一个结果，而是刺激具有原创性的头脑。我们的很多想法很大程度上来自于这种刺激。严格意义上讲，虽然这就是我们通常理解的"原创性"，但却不是"真正的原创性"。这一种原创是许多卓越的演说家唯一拥有的创新精神，仅次于绝对的原创。通俗地说，我们的独立思考，不仅只是借用别人的想法来刺激和补充自己的思想，还赋予借鉴来的思想以自己的特色。这样的一个人，如果不是创造者，至少是一个思想家，而且是一个绝不会剽窃别人的思想家。

当发人深省的思想进入一个渊博的头脑，一定会激发出图像、反思或者一系列有趣的想法，进而为演讲提供极富价值的材料。绝不能低估这种刺激，如果真正的创意像詹姆斯·克纳普·里夫先生表示的那样罕见，那么任何一种能激发创意的想法都应该受到欢迎。

二、原创性的来源

虽然真正的原创很罕见，如果演讲者们都认真对待这件事，达到原创的人就会大大增加。一项对富有创意的思想家和演讲者的心理习惯的研究揭示了一些有启发性的事实。

1. 富有创意的人都喜欢认真地观察自然。创意的不竭源泉向所有人开放。每个人都有机会了解自然，并将其作为有力的论据运用在演讲中。人类的特质曾引起雅典和罗马的演讲者的思考，而现如今的人与历史上无二。将接触到的事物转化为演说的材料，需要的只是机敏、善于接受的头脑而已。罗斯金（Ruskin）从一块普通的水晶原石坚硬的内部领悟出一直以来推动着人类活动的道理；比彻在一家珠宝店橱窗前站了好几个小时，想出了珠宝和人的灵魂之间的类比；高夫（Gough）在一滴水里参见了解决5千人饮水难题的奥秘；梭罗（Thoreau）静坐在葱郁的树林里，将鸟儿和昆虫的秘密生活看在眼里；爱默生长期探索人们的思想，最终说道："我听不见你说什么，因为我看到了你是什么。"普赖尔（Preyer）历时 3 年致力于研究他的孩子如何生活，最终成为儿童心理学的权威。对于观察，大多数人是盲目的。在今天，不为人知、未被发掘的事实远远多于已经存在的重大发现，并且还在等待着人们去“发掘奥秘的核心”。但是，如果人们用盲目的眼睛去搜寻，这些“珍珠”就会藏在壳里。不是演讲者，反而是生活技能更娴熟的人会去探索自然而非囿于图书馆。很少有人能看到“石头里的教导”和“奔腾溪流中的书卷”，因为他们已经习惯了只在书中看到教导，而在奔腾的溪流中看到石头。菲利普·锡德尼爵士（Sir Philip Sidney）曾说过：“观心而后写”；马西永（Massillon）谈他对人类思想的敏锐认识：“我通过研究自己来学习”；拜伦（Bryon）提到约翰·洛克（John Locke）时说：“他对人类理解力的全部知识都来源于研究自己的思想。形式多样的自然围绕在我们自身周围，创意不应该如此罕见。

2. 富有创意的头脑懂得连续思考。这是一个二手思考的时代。我们要求调配好的麦乳精，处理过的、更好吸收的肉类和书籍摘要。回顾、精选和工具书既是这一时期的知识生活的典型，也是物质世界中独具特色的节省劳力的手段。这个时代为“捷径”狂热，这种习惯影响着我们的精神力量，人们开始逐渐丧失对思考的渴望和在做其他事的同时保持持续思考的能力。诚然，教育在某种程度上补充了这种匮乏；但是，只是“在某种程度上”，教育无法纠正普通人每天在碎片化阅读中养成的快速浏览习惯和跳跃性思维。当阅读一本书时需要进行连续的思考，人们通常会认为这本书枯燥无趣。

尼古拉斯·默里·巴特勒（Nicholas Murray Butler）博士认为可以从五个方面描述广义的教养，并加入了“回想”。标准如下：

（1）母语运用的正确性和准确性。

（2）优雅和温和的举止。举止是思想和行为习惯的表现。

（3）反思的能力和习惯。

（4）加强修养的能力。

（5）效率以及做事的能力。

但是，如果缺乏连续的思考是一个普遍现象，一位演讲者只要在其观察能力的基础上，愿意结合反思的能力，并有系统地进行思考，他就能拥有上述优良品质。而拥有了激情和才能，创意也会不期而至。

3. 富有创意的头脑珍视与优秀思想的交汇。不必多言，三句话就足够了。希望想出新颖的点子的人，必须通过与各个时期的划时代思想进行接触，使自己的思想更加丰富。划时代的思想存在于伟大的著作之中和仍然在世的思想家们令人赞叹的头脑中。若你脑中有创意的萌芽，与伟大思想的接触会将其召唤出来。

4. 富有创意的头脑敢于做自己。敢！没错。成功的奖赏有多闪耀，失败的惩罚就有多惨痛。“坚持你自己，不要模仿。”爱默生说，他本人就很有个性。然而为了独创，许多人为之牺牲，难以计数的人失了人心，每个人都或多或少对某些事物做了暂时的割舍。“一事成功，事事顺利。”成功者被捧为圣徒，失败者则沦为炮灰。

可以像这样验证自己的思想有多坚定：我是否愿意现在就自

力更生，即使跌跌撞撞，也要为了未来而脚踏实地地努力？还是打算借助拐杖，在一开始就飞速进步？

事实上，敢于做自己、不矫揉造作的年轻演讲者一开始的确会比那些选择模仿和抄袭的演讲者逊色，但是他在张力和创造性上更有潜力，最终会远远超越他的那些缺乏原创性的对手。选择原创的演讲者偶尔的无心之失远比没有生气的模仿者那空洞、冰冷的准确要更精彩。

毫无疑问，天赋很重要。当年轻的演讲者耐心地观察自然，练习连续性思考，珍视与伟大思想的接触，并且敢于做自己，那么他的思想的原创性将会达到天赋允许的最大限度。

第七课 选一个合适的主题

选择力所能及的话题，
认真思量你选择的主题和主题的范围；
尚不清楚你的肩膀可以承受多大重量时，
不要轻易举起重担。

——《贺拉斯的暗示》，拜伦（Byron）

演讲者并不总是能自由选择主题。情境经常限制话题的选择，如果他们坚定地决定什么主题合适，选择范围就会立刻缩小——很多时候也不是不好。

选择主题的首要考虑是：

一、如何切合情境

每篇演讲都应该努力在特定情境中达到最好的效果，所以你必须精确地判断情境。虽然你不能未卜先知，但有些事你必须试着去预测，例如：谁会在那里？什么主题会引起他们的兴趣？听众的平均智力水平如何？时下热门的话题是什么？活动中还有其他演讲者或演说吗？我在这个活动中的定位是什么？观众的态度是怎样的？聚会的目的是什么？分配给我几分钟时间？

这些问题之所以重要，是因为它们的答案决定了一篇演讲是否合时宜，换句话说，决定了演讲的成败。“他是一个快乐的演讲者”；“他总是一语中的”；“他格格不入”；“他苦苦挣扎，像离了水的鱼一样”——演讲者可以从中选出描述自己在讲台上的表现的最贴切的一项。

二、如何切合主题

有些主题可以在几分钟内处理得令人满意，而有些则需要几个小时。由于特定情境的原因，一个主题得不到适当的处理，拒绝它是理所当然的。主题有一些个人色彩，而个人色彩的存在似乎不允许浮皮潦草地处理演讲。除非在某个情境中，演讲者有一定的把握能够充分地讨论这个主题，否则他不应该轻易尝试。

如果主题太宽泛，通常可以修改或进行调整。确实，大多数年轻的演讲者都犯了选题宽泛的毛病。因为，很奇怪，似乎对外行来说，话题越窄，处理起来就越容易。在规定的演讲时间内，几乎不可能充分地讨论“选举权问题”，然而，“黑人的选举权有限”或“妇女在全国选举中的投票”则可以在合理的时间内阐释清楚。但是，即使是上述明确的主题，也要注意根据情境选择是概括还是具体地阐释，并且要清晰、坚定地阐述演讲的主张。虽然应该避免陈腐的主题，但对老主题的新看法总是受人欢迎的，而且有些问题是常论常新的。另外，主题必须完整，也就是说，主题不应该是想法的松散混合。

三、如何切合演讲者

笔者不赞同一些人认为演讲完全是为了听众的观点。正如前面讨论的，一些方面侧重主题，一些方面则侧重演讲者。

一个人不应该在严肃的情境让自己看起来滑稽。演讲者可能会重复《诗篇》中的祷文："求你拦阻仆人，不犯任意妄为的罪"，而不会觉得不妥，因为在观众面前，类似的冒犯太过常见。不知道自己的局限性的演讲者将很难令听众受益。因此，演讲者不应该选择他不熟悉的或者是能力范围之外的主题；他应该放弃在规定时间内，过于沉重或过于琐碎以致不能准备充分或阐释完全的主题；随后，在选择或接受某一主题之前，他应该仔细考虑这一节中提出的三点需要考虑的问题。

第八课 取一个吸引人的标题

称物以其名。

——罗伯特·霍尔

演讲的主题和标题之间有区别。前者是实质，后者是名称。

一、吸引人的标题

选择一个吸引人的标题可以达到几个重要的目的：使人希望听到这篇演讲，吸引听众演讲；通常可以在演讲的开头引起听众的注意、使听众感兴趣——演讲者负责保持和增加这种兴趣；好的标题能使演讲者自己产生就该主题发表演讲的强烈意愿，而这份对情境的热情是演讲成功的一半。

尽管人们可能会怀疑，追求吸引人的标题是否会让演讲者远离真正的主题，但在这里，一如既往地，“中庸之道”可能可以证明这是明智的做法。一方面，好品味会拒绝耸人听闻、冠冕堂皇的标题；另一方面，敏锐的头脑将会很快地抛弃枯燥无味的陈述，转而使用一个优美的短语、微妙的典故、暗示的绰号或引人注目的形象。

你很容易便可以在这样的标题中做出选择：“现代慈善机构

的管理弊病”和“现代慈善——睿智和不睿智”；“遗传——选择的理论”和“选择祖先”等。

二、真实的标题

很重要的一点是，标题不应该让听众产生演讲不能证实的想法。一旦听众发现他们被一个有吸引力的标题哄骗，原本期待着能有一场大餐，结果等待他们的却只有斋戒，演讲者便一定会失败。选择主题中次要、模糊的词并将其宣传得仿佛是主要、核心的理念是非常令人失望的。

三、描述性的标题

一些权威人士强调描述性的标题，但实际上，这个选择取决于演讲的性质。旨在引导听众思考的演讲标题无疑应该具有足够的描述性，使潜在听众能够预测主题并判断自己是否感兴趣。忽视这一简单、正义的行为自然会激怒失望的听众。一位著名的演讲家提起过一位演讲者就“圣经之酒”发表的演说，人们来到会场却发现，演讲者基本上只是在自说自话。

为了吸引漠不关心的听众，让他们对演讲者或情境如同那些已经产生兴趣的听众一样怀有期待，演讲者可以让演讲标题只在演说发表之后才显得恰当，这一点是允许的，甚至是值得称赞的。重复标题，必须保证听众对标题有印象。

从宣布“美国——和平的使徒”“家长主义”“历史上的殉道者”“受鼓舞的人”等标题，潜在听众可以根据标题预测话语的总体基调。但是，谁能想到“陨落的光芒”不是讨论吉卜林（Kipling）的故事，而是讨论法国大革命期间理性指导地位的陨落呢？“一个非官方的州长”将不再代表公民委员会的待遇，“以眼还眼”也不会预示着对死刑的讨论。然而，正如上面所看到的，这两种标题都有各自的应用情境，但往往都需要做到精巧和恰当。

第九课　组织详实的材料

一般原理必须从书中得到，且必须经过现实生活的检验。

——塞缪尔·约翰逊

博学的人总会不自觉地进行思考。

——《论批评》，蒲柏（Pope）

我们已经看到了选择主题的重要性，并指出了会影响选择的条件。我们必须再次涉及这一主题，讨论演讲的材料。

一．材料与主题的关系

主题和材料相互影响。这是因为选择主题有两种不同的方式：一种是任意选择，另一种是根据思想和阅读的进展来选择。

1. 任意选择。这种选择方式是指从主题本身的合适性出发所做出的不特定选择。做任意选择时，需要对许多可用主题进行或多或少的艰苦检查，以便做出最明智的选择。许多演讲者会毫不犹豫地认为，选择是准备工作中最困难的部分。选择很少像看起来那样简单，并且常常极为令人困惑。从许多主题中选择一个涉及如此多重要因素的主题是相当困难的，以至于所有演讲者都会在做出选择后以满足的声音宣布胜利：“我找到主题了！”

给我一个主题吧！疲惫的老师总会听到这样的一声呼喊。然后，老师列了一份参考主题。学生经过深思熟虑，做出了选择，然而大多数情况下，这些主题都会被否定，因为老师虽然能知道，但并不能完全知道学生在想什么。以这种方式提出一个主题，就像一个迷路的孩子试图找到其所生活的街道，通过念出一系列街道的名字来进行筛选，直到其中一个名字听起来很熟悉为止。

2. 根据进展做选择。这种选择有着一个非常不同的过程。它不问："我该说什么？"而是将思路转向它自己，然后问："我怎么想？"因此可以说是主题在选择自己。因为在思考或阅读的过程中，一个主题会从萌芽逐渐壮大，并迅速成长为完整的演说。一个不会思考的人其实并不真正了解自己的思想，因此，他的想法往往没有成果。阅读和思考的习惯将为演讲者提供丰富的主题，并让他一开始就了解他的主题。这不是悖论，而是真理。

结论应该已经很明显了，根据进展选择主题更偏向于搜集而非有意地选择。主题往往"突然出现在脑海中"——自发产生。经过训练的思想家的头脑，经由之前论述过的归纳过程，集中了他所阅读或思考的事实和真理。这通常是一个渐进的过程。起初，分散的想法可能只是模糊地联系在一起，但越集越多，形成一种单一的形式，直到最后一个强有力的思想似乎用不可抗拒的力量擎住了演说家的灵魂，并大声地喊："出来，我是你的主题！从此以后，直到你用你内心的激情把我转化成重要的演说，你都不会休息！"那么，那个演讲者就很幸福了，因为他找到了一个能抓住他的主题。

当然，有经验的演讲者两种选择方法都使用。即使是一个经常阅读和反思的人，有时也不得不漫无边际地去寻找一个主题，然后使收集材料的任务变得很重要。但即使在这样的情况下，也可以说选择是基于进展的，因为谨慎的演讲者至少要在主题中体现一些成熟的想法。

二、材料服从于目的

演说不仅有主题，也是有目的的。即使目的没有公开向观众透露，但它就像交响乐的主题一样，将会反复出现在讲演中，于每次重现时增加体量和势头，直到最后不断增强的音符的力量大到掌控整部交响乐，并上升到情感和信念的高潮。

这个中心的、主要的动机，在其“出生”和“生活”的各个阶段都不能失去它的影响力；并且在收集材料的同时，它必须占控制地位。不过，有一句忠告：不论材料是思想上的还是形式上的，无论是在你脑海中打得直迸火花的滚烫铁砧还是富有的过去留下的藏宝屋，如果不是你的主题的一部分、如果对于实现你的目的没有实质性的帮助，一定要舍弃它。这样做可能会让你感到阵痛，但会使你的听众免受痛苦，因此这样的损失完全是值得的。好的演讲归功于选择的内容，同时也归功于舍弃的内容。你不能把关于主题的所有事情都说出来——即使是所有重要的事情，即使你有能力。

三、围绕主题组织材料

在考虑主题的原创性时，指出了观察、阅读和反思的重要性。这是三种用于收集材料的脑力活动。当这些成为你的思维习惯时，会使你产生一种快乐感，而非惩罚感。

关于观察和反思的习惯，在第六课中已经说得够多了。但关于阅读还要多说一句：除了直接必要的收集事实之外，为准备演讲而做的阅读最好具有启发性。这种阅读能借思想的力量擦出精神的火花，使你沉湎于感知与思考。你会因这强有力的火花而满足，并冲向你的笔记本（总是在手边），记录下为你解围的建议。

没什么比遵循下面这条常见的建议更有害的了：等待，直到你收集了所有的材料，然后组织起来。不！在你收集它们的时候，就应该把它们组织起来。首先，阐明你的主题（就像萌芽，包含完整植物的所有要素），然后使用单一而清晰、紧凑而有力的句子进行阐述，这样主题会是整个演讲的浓缩，而演讲会是主题的展开。主题将在你的灵魂上留下印记。无论你睡或醒，它都在成长。你的思考、观察和阅读的结果将是它的食物；你得到的丰富材料将会融入生长中，给它带来活力和魅力的纤维。

四、管理笔记

管理笔记会随着经验的增加而变得容易。许多演讲者所做的第一件事就是用专门的一页纸或笔记来记录演讲的重要部分，如引言等。不同的观点会被安排在看起来自然的部分（即使如此，以后也有必要对事实进行分类，并重新整理思路，因为在标字母或编号时，可能会标乱顺序，甚至标错页）。这样，一篇演讲会逐渐具有连贯性；而不具有连贯性的演讲是无法触及人心的。另外，材料是围绕着主题搭建的，而不是围绕着标题。当然，有时标题即是主题，但这种情况很少，所以需要重申这个重要的原则：**清晰、重点突出地表达出演讲中采用的事例——确保所选主题构成了你的演讲**。

第十课 沉下心去写作

把墨水弄干；你的眼泪又滋润了它。

——《维罗纳的两位绅士》，莎士比亚

对于是否应该把演讲内容写下来，并没有一个普遍的规则。这个问题很复杂，需要在实践中找到它的关键。许多著作都在赞成或批评书面的准备。但说到底，演讲者对场合、对话题、对自己的责任，才是决定性因素。

那些采用即兴演讲方式的人通常会准备一份简短的、提纲性的、可能在演讲时提到的话语。根据前一课所述，简短的准备是必要的。这里可以给出的唯一的方向是，此类概要式的准备应该按照逻辑和次序来累积，使用“暗示”或“流行”的词和句子，并且应该在纸上写得清晰，以便事后阅读。书面材料往往比较难读懂，甚至不如好的手稿，因为对于个人写作来说，其特点并非是为了吸引眼球或是帮助记忆。

但在实际写作中，材料的个性和价值必须变得明显。大量的材料既不能是一堆论述，也不该是“石头”和“木材”，而应该是一座“大教堂”。选择、适应、统一和美化材料是建造者或者说演讲家的责任。帕斯卡尔写道：“在打网球时，双方都使用同一个球，但一边场地比另一边好。可能会有人反对我的用词，似乎同样的思想并没有通过不同的安排形成不同的话语主体。”在这里，演讲者的个性成为首要因素。他的广博的知识——修辞、逻辑、人性，以及一切，都在有力地发挥着作用。

关于实际的演讲写作，我有几个建议。组织材料的工作到目前已经相当完备，逻辑大纲在脑子里也已经形成，笔记也已经积累了很多，应该付诸笔端了。

一、工作大纲

年轻的人可能会发现这个任务既艰巨又令人失望——在白纸上落笔的过程中出现的错误总是如此显眼。但正是出于这个原因，让初学者鼓起勇气，坚持下去。最终作品的辉煌无法从有缺陷的思想结构中诞生，任何建筑师都不能指望油漆能弥补架构的缺陷。工作大纲将揭示出比例上的错误、推理链条中的薄弱环节、以及那些强有力的演讲性思想的最大敌人。

杰农教授曾说：

“实际上，学习计划是培养思维、养成习惯的一种实用方法；一开始，按计划的行为似乎是武断的、机械的，但当习惯完全形成时，它就会成为自然而然的举动。计划或许开始时很笨拙，对于作家来说，如果他在回家以前都坚持工作——这当然是很好的，他可能需要经过一段或多或少的木讷时间；他可能会受到奇怪或奇特的思想结构的诱惑；某个阶段他也可能会被对独创性的渴望所吞噬——如果他不是，那就怪了。但渐渐地，他会达到这样一个境界：只要出现一个主题，一个相应的计划就会在他面前升起；他会看到它，不是模糊地看到，而是清晰且完整地看到它。渐渐地，他可以听任头脑自行工作，因为精细而艺术的逻辑，已经变得自然而然。”

至于如何在大纲中列出想法，本文所遵循的数字、字母和下划线的方案可能会对你有所启发。

由于工作大纲在各种公共演讲的准备工作中占有突出的地位，所以花了较多笔墨在这上面。现在，在没有进入修辞学领域来讨论写作规律的情况下，一些关于下一步写作的思路可能会是有益的。

二、初稿

当笔开始在纸上书写演讲内容时，这项工作就应该充满热情、专注和迅捷。听众应该始终在你的脑海中，你那清晰的主题和强烈的目标，应该支配每一个句子，这样每一个成功的段落都可能成为一种将你的思想状态和感觉转移给你的听众的工具。这并不是说，话语的对象必须始终是有意识的。有时候，它只会在你写作的时候弥漫于你的脑海中，或是在你的骨髓里点燃你的思想和话语，这是一种驱使你前进的力量，充满着不可抗拒的能量，这个动机必须先主宰你，然后才能主宰你的听众。你必须使自己臣服于它的横扫和膨胀，像一个强壮的游泳者屈服于波涛的起伏；然而，与此同时，你必须始终熟练地指导你的航向。

这种对主题主导精神的屈服，将使你的写作显得熠熠生辉，或者至少，让你自己变得有激情。在这样的情绪中，不要过分追求精确。在这段时间里，牺牲所有的热情和预备的修正，以冷静对待关键时刻。

三、审阅

如果你重视正确性，就必须在交付之前进行干预。但这是必须以公正精神来处理的一种责任，头脑警觉地发现错误并无情地删掉那些无论看起来多么具有吸引力的段落，这种举动实际并不是绝对必要的。在尝试修改之前，年轻的发言者最好先重新阅读一些规则摘要，以避免把文字中的优点打磨掉。

“有些人，”考珀说，“比智者更细致。”让你的文字具有自己的风格应该比让你的话语缺乏活力要好，但好的风格和活力是一体的。不要修改你的话语中的要点，而是应该让你的话语具备像子弹一样的冲击力。规则应该是你的仆人，而不是你的主人。

第十一课 对演讲的结构了然于胸

我们由开头知结尾。

——《谨慎》，德纳姆（Denham）

结局好，一切都好。

——莎士比亚

从希腊修辞学家和演说家的时代起，演讲结构中就存在一些公认的明确划分。最受欢迎的是这4部分的划分：①引言；②声明；③讨论；④结束语。有时，第2部分与第3部分是合并在一起的。

当大纲逐渐形成时，整体的谋篇布局会自然而然地出现在你的脑海中，这样，思路的合理铺展就会贯穿演讲始终。

一、引言

不是每段演讲都需要引言。“至少对于那些没什么特别意义的演讲来说，写引言是很愚蠢的，这就像把小提琴硬塞进交响乐中一样不自然。”①

然而，当引言被恰当地使用时，能够使听众掌握一些有关演讲的事实或想法，从而使演讲者感同身受、充满信心。在极少数情况下，演讲者甚至可以使用引言缓和敌对情绪。因此，话语的

① 引自《修辞的工作原理》。

开场白应该是简短的、果断的、谦虚的、适度的、坦率的和圆滑的。许多演讲者必须用尽浑身解数赢回从听众听到引言时失去的共鸣和信心；如果他能将失去的观众的信心赢回大半，就算是幸运的了。仔细研究听众会使他受益匪浅，他会学习到如何去面对听众。

以下这一附加的介绍可以为你揭示伟大演说家的做法。

丹尼尔·韦伯斯特（Daniel Webster）的富有深度的演说“回答海恩（Hayne）”以一个比喻开篇：

当水手在阴雨连连的天气中和变幻莫测的大海上挺过多日，他自然会利用暴风雨的第一次停歇和阳光初现的机会，来观测所在纬度，以确定自己偏离航向有多远。

随后，演讲者将这个类比运用到论辩之中。

温德尔·菲利普斯（Wendell Phillips）开始了关于“杜桑·卢维杜尔”的备受推崇的演讲：

有人要求我概括一下上一代中最伟大的人物——伟大的杜桑·卢维杜尔（Toussaint l'Ouverture）。这份概述是一本传记、一场论辩，一位黑人政治家和士兵的传记、一篇代表他的种族的论辩。

亨利·W. 格雷迪（Henry W.Grady）在《新南方》（The New South）引用了一句话来开始他的伟大的餐后演讲：

“奴隶制和分裂的南方已经死了。工会和自由的南方，感谢上帝，它还活着、呼吸着、每个小时都在壮大。”这句不朽的话语是本杰明·希尔（Benjamin H.Hill）在1866年于坦曼尼协会发表的。这句话在当时很正确，现在也是一样。我将在今晚发表演说。

法官杰里迈亚·布莱克（Jeremiah S.Black）在关于“陪审团审判的权利”的法庭演讲中说出了这样一段话：

尊敬的各位，我不担心你们会低估这个案件的重要性。这个案子涉及全体人民的权利。类似的问题一般都是用武力解决的。但是，自世界伊始，任何一场事关民族自由的战役的失败或胜利，都与这种争论有关。写下法庭判决的笔，无论善恶，都比任何俗世的刀剑更加强大。

二、声明

演讲的这一部分应该是清楚、简洁、准确的，适用于表明演讲的目的、主题的性质和演讲者所持立场。简而言之，演讲者在“声明”部分应明确演讲背景和本人立场。

有时，将声明部分延后或直接省略是合理的。

声明经常会和引言巧妙地交织在一起，就仿佛是“引言”下面引用的一些例子一样。有时，演讲者只会使用一个简单的声明，比如韦伯斯特在达特茅斯学院案中：

整体上问题在于：1816 年 6 月 27 日、12 月 8 日和 12 月 26 日的新罕布什尔州的立法是否在原告没有表示同意或反对的情况下有效或对原告有约束力。

下面的拉斯金谈“特纳和他的作品”既是引言也是声明：

今晚我并不是要向你们介绍我们最近失去的这位伟大画家的才华或他的作品的具体情况（这样的解说需要 1 年而不是 1 个小时），而是想要带给你们关于他的作品的一个大致的概念，比起其他时代的风景画，他的作品处在一个什么位置；以及当前风景画的整体情况与展望。我不会浪费时间在评论上，因为我没有多少时间了。相反，我会直接进入主题。

这样的声明立刻就能使听众明白，同时也能很好地表现出他是一位坦率的演说者。

有时演讲者在引言或声明中会介绍主中心话题或论点，如以下赫胥黎（Huxley）教授的例子：

“在接下来的一个小时内，我希望各位关注‘生理学与其他学科的关系’这个主题。

【这里是一段个人解释。】

“广义上说，生理学与生物学类似，是研究个体生命的科学，我们必须连续地考虑：

“1. 作为知识分支的地位和范围。

“2. 作为一门学科的价值。

“3. 作为实用信息的价值。

“4. 什么时期，它最有可能成为教育的一个分支。”[①]

然而，这种方法对于听众数量较少的演讲显得过于正式，而且在必要的时候向听众清晰地表达主要观点和论据才有价值。通常，接近演讲结尾的时候做一个快速的总结能更好地达到目的。

三、论述

论述构成了演讲的主体。因此，演讲中的其他部分必须与之

① 《英语作文手册》，J.M. 哈特引用赫胥黎。

有机结合，使得行文流畅且不影响论述部分的突出地位，这也是所有演讲的必要条件。然而，对于如何开展论述，除了书中其他部分提到的行文和逻辑形式，我给不了更多宝贵建议。因为演讲的主题、动机、演讲者和听众等条件在不断变化，导致论述中的论点也在不断变化。最重要的原则是要求演讲者整理自己的思想，并依照好的推理法则和好的词句来架构自己的语言。说到推理，巴特勒（Butler）提到胡迪布拉斯（Hudibras）时说：

他知道事情的脉络，这和玄学说得通一样令人激动。

至于什么是好的语言，则要听从弗朗西斯·培根（Francis Bacon）的建议："回归男人的事业和立身之本。"

四、结束语

虽然结束语很简短，但能为有效的演讲提供一个机会。"因为最后的印象会停留在人的脑海中很久。演讲应该以与众不同的语言结尾。

结束语可以包括：对整个主题的总结、重申提到的要点、强调核心事实、号召开展行动、对情感的呼吁，或其中几种或全部的结合。风格高调和充满激情的呼吁通常是演讲的结束语的特征。

虽然结论句本身应该是整个演讲的高潮，但在情感达到最高点时结束演讲是很不明智的，应该先有片刻的沉淀，使慷慨激昂的演讲沉静下来，以免观众反感。

研究优秀的范例，可以充分帮助到那些希望培养这种有效结束演讲的能力的人。

温德尔·菲利普斯（Wendell Phillips）在《都市警察》上有一篇演讲，结尾处他说了这番话：

让人不安，波士顿还在使用马萨诸塞州的法律。

爱德华·埃弗雷特（Edward Everett）充满节制地结束了他的演说，概括了行动原则：

先生们，让我们结合审慎和激情；我们会在这个纯粹而崇高的事业中取得成功。

他用了一个比喻为他对“科学知识的重要性”的阐述做总结：

当一枚橡子落在不利生长的地方，并在那里腐烂，我们清楚地知道这一事件的损失程度——我们失去了未来的一棵橡树；但是，当一个理性的人，因为缺乏文化而不能实现其自身的价值，那么这个损失永远没有人能够衡量。

拉斯金关于“传统艺术对国家的衰退力量”的演讲的结束语也是一个典型的范例。

那么，你要大胆又清醒地做出选择；这样或那样，选择是必须做的。在这种选择中，其中一边是黑暗且危险的：有以自我沉思为乐的骄傲（这实际是一种无可置疑的懒惰）；有因轻视上帝造物的公平而显露的无知；有否认工作中的奇妙事物的迟钝。这些对你自己来说或许不过是一种无聊的生活方式，但很可能会对其他人造成误导。另一方面，你也可以选择光明的一边，成为一盏启发创造力的明灯——永远在发光——每一个时刻、每一小时都在努力发光，但每时每刻都深深地保持谦卑；确信自己的目标是正确的，确信自己在不可抗拒地进步中；为自己顺利完成的事情感到高兴；一天比一天快乐，为衷心盼望的事情感到喜悦；在生命走到尽头时，能够老怀大慰，即使右手不再灵活，即使忘记拿起过的笔和写下过的字，但为人类增加了知识，加速了人类的幸福，这无疑是人生最幸福的时刻。

五、演讲的整体

一个致命的误区是：我们很可能为了部分的完美牺牲掉整体的效果。事实上，他们相互依存，都是为了实现整体的效果。

理想的话语可以比作一个椭圆形。引言将主题作为一个思想单元提出来。在整个陈述过程中，这个主题被扩展和放大。最后，主题再次被整合成一个单一的印象，进入到听众的思想中。

第十二课 用恰当和生动的词汇打动听众

词汇知识是通向学术的大门。

——威尔森（Wilson）

人们通常不记得“词汇”这个词既有特殊的含义，也有一般含义。所有的词汇都是基于日常语言中常见的词汇，但是每一特定类别的词汇都由许多具有相应特征的词语组成。这些词在其他类别的词汇中也有使用，但这些词适用于特定的表达，所以它们具有特殊的修辞或指代作用。

在这方面，演说者不同于诗人、小说家、科学家和旅行者。他必须积累和增加公开演讲所需的词汇储备。一项关于演讲者的研究揭示了这样一个现象，即他们喜欢用语言来表示力量、巨大、速度、行动、颜色、光和所有这些概念的对立面。他们经常使用表达各种情绪的词语，在新颖的形容词、名词搭配和巧妙的修饰语的使用上也十分灵活。事实上，公共演讲允许使用适度夸张的词语，只要不影响听众的判断，能给听众留下准确的印象即可。

一个人只有在知道了一个词的确切含义，理解它与其他词的关系，并能够合适地使用它，这个人才算真正拥有了这个词。

如何做到呢？决心和方法会创造奇迹。学生必须实践前者，而作者只能讲授后者。

一、从好的演讲者发表的书面或口头的演讲中收集词汇

研究演讲语言和演讲形式正确的方法是注意一下伟大演说家的常见用法。对一场伟大的演说进行仔细分析，将会比研究浩如烟海的理论更有益。

在学习单词时，记笔记的习惯是非常重要的。一位会学习的演讲者，会记下他听到或读到的所有新单词来学习词汇，并掌握和使用这些词汇。很快，他的词汇变得更多样、更准确。准确地使用一个新单词五次，你便可以拥有它。

二、养成使用字典的习惯

不要满足于你对一个词的大致了解，要不断去追问，直到你掌握了它的每一层含义和用法为止。流利度也许无足轻重，但准确性却非常重要。没有一本字典是完美的，但所有标准的词汇书都展现了巨匠的知识结晶。擅长演讲的人不会轻视词汇的定义和区别。

三、努力寻找最合适的词

这需要仔细研究同义词和反义词。幸运的是，供学生参考的优秀手册为数不少。

“我对自己的写作越来越不满，”福楼拜（Flaubert）说，“我就像一个耳朵很忠实的人，但却错误地演奏了小提琴：他的手指拒绝精确地再现他内心所感知到的声音。接着，眼泪从他的眼里

滚落，琴弓从他手中滑落。”

福楼拜曾忠告莫泊桑（Guy de Maupassant）：“不管你想说什么，只有一个词语可以表达。只有一个动词可以让它动起来，只有一个形容词来修饰它。”寻找这个词语、这个动词、形容词是很重要的，因为在找到这个词之前，什么都不能令人满意。”

沃尔特·萨维奇·兰多（Walter Savage Landor）曾经写道：“我讨厌词不达意，所以要细心地、艰难地、苦闷地追寻‘恰如其分’。”詹姆斯·M.巴利与他的小说《多愁善感的汤米》中的主人公有共鸣。主人公的绰号便是“多愁善感的汤米”。难怪T.桑德斯（T.Sandys）后来成了作家和名流！

书中汤米和另一个小伙子，正在为了大学的奖学金写一篇关于“在教堂的一天”的文章。他的状态很好，后来因找不到一个合适的词而停顿下来。这个想法很难捕捉，他努力了近一个小时，直到他突然被告知时间到了，他没有机会了。

巴利会告诉其他人：文章！文章就是文章。那个呆子卡在了第二页。是的，“卡住”是正确的表述。因为他的老师十分懊恼，在了解了男孩的情况后，不得不承认：他还没有“领会一些技巧”；你也会同意，他卡住了，而他的解释只是强调了他的无能。

他因为找不到一个词而备受嘲笑。什么词？大家急切地问他，但即使是现在，他也说不上来。他想要一个苏格兰词来表示有多少人在教堂里，这个词这么近，就在嘴边，却捕捉不到。“普克尔”（puckle）接近这个意思，但代表的人数更少。一个小时就像眨眼一样逝去，当他搜索枯肠的时候，他完全忽略了时间。

其他五位考官非常生气："你个呆子，就算你不想用'普克尔'，难道不是有十几个词可以代替它吗？你想不到'曼其'（manzy）吗……"

"我想到了'曼其'，"汤米难过地回答道，他为自己感到羞愧，"可是，可是'曼其'指的是一群人。这就暗指教堂里的人们像蜜蜂一样嗡嗡叫着，而不是静静地坐着。"

"即使有这样的意味，"杜西（Duthie）先生不耐烦地说，"为什么需要这么具体呢？论文写作的窍门就在于使用你脑子里出现的第一个词并且尽快往下写。"

"我就是这么做的，"（战胜了汤米的）麦克劳克兰（McLauchlan）骄傲地说。

"我明白了，"格洛格（Gloag）先生插嘴说，"麦克劳克兰提到教堂里充斥着教众。他用了'马斯卡'（mask）这个苏格兰词。马斯卡就不错啊。"

"我想到了'马斯卡'，"汤米呜咽着说，"但那意味着教堂满满的都是人。我要表达的意思没有那么拥挤。"

"'弗洛'（flow）是可以的。"罗瑞默（Lorrimer）先生建议道。

"'弗洛'意思是几个人。"汤米说。

"那么用'柯兰'（Curran），你这家伙！"

"'柯兰'代表的数量不够。"

罗瑞默先生绝望地举起双手。

"我想要一个介于'柯兰'和'马斯卡'之间的词。"汤米执拗地说，几乎在呐喊了。

奥格尔维（Ogilvy）先生，难以掩饰他对难题的着迷，他循循善诱道：“你说你想要表达中等拥挤的概念，那么你为什么不说‘中等拥挤’——‘费尔马斯卡’（fell mask）呢？”

“是啊，为什么不呢？”先生们不由自主地接受了这种权宜之计。

“我想要一个单独的词。”汤米回答，下意识地回避了退而求其次的可能性。

“你这孩子！”奥格尔维先生低声咕哝着。如果不是其他先生拦着，卡瑟罗（Cathro）先生会把汤米的头打坏的。

“找到合适的词也很容易。”格洛格说。

“不，这就像打松鼠一样困难。”汤米叫道，奥吉尔维先生点头表示赞同。

然后，奇怪的事情发生了。当他们准备离开学校的时候（卡瑟罗先生已经扯着汤米的领子让他离开），门开了一点，汤米的脸上挂着泪痕，但很兴奋。“我现在知道了，”他叫道，“它突然出现在了我的脑海中，这个词就是‘翰妥’（hantle）！”

奥格尔维先生欣喜若狂地想，“他必须一直想，直到他找到答案——而且确实找到了。他是个天才！”

四、与了解词汇的人谈论词汇

因为公共话语与日常讲话的措辞密切相关，许多有用的词汇都可以在与有教养的人交谈中习得。当这种交流对词语的意义和用法进行争论时，那么它对交谈双方都有价值。

五、不要忽视解说性语言的价值

解说性语言有助于听众更好地理解演讲的内容。

六、学习词源

牧师莫尔特比·D. 巴布科克（Rev.Dr.Maltbie D.Babcock）所做的著名的关于“快乐”的布道，源于演说者对“欢乐”和其同类词语，如“愉悦”“欣喜”“快乐”和“闲适”的鲜明区分。一个词源的解释会照亮一个主题。前缀或后缀会根本上改变词干的力度，如 masterful 和 masterly，contemptible 和 contemptuous，envious 和 enviable。因此，根据词干、前缀和后缀来成组地研究单词是为了掌握它们不同侧面的含义，并了解其他相关词汇。

七、不要偏爱某一类词汇

60 年甚至更早之前，布鲁厄姆（Brougham）阁下在面对格拉斯哥大学的学生演讲时规定要更支持本土词汇（盎格鲁 – 撒克逊词汇），代价是忽视拉丁和希腊词汇。这个规定不可能实现，布鲁厄姆阁下自己也从来没有认真地遵守它。事实上，任何伟大的作家都没有这样尝试过。我们的语言不仅是高度复合的，而且，像德昆西所说，部分合成词也是“愉快地结合”的。他说：“打趣含有某些后缀的词并不困难，但即使是布鲁厄姆阁下，也很难摆脱浮夸和想象。”

第十三课 形成自己的演讲风格

如果我曾经有过任何模糊的表达，我不喜欢模棱两可，所以我很深入。当你足够深入，整个世界都会理解你。

——查尔斯·金斯利（Charles Kingsley）

明确地写作，如同喷泉一样，但不要看起来像喷泉一样深不见底。

——沃尔特·萨维奇·兰德尔（Walter Savage Landor）

上一课我们讨论了详细而精确的词汇的价值。现在则让我们注意单个词汇是如何影响演讲的。

沃尔特·皮特（Walter Pater）曾说，一个人应有“忠实的词汇和丰富的精神”；布封（Buffon）写道，“风格代表一个人”。这些格言都肯定了本主题的一个基础的事实：

一、性格主导公共演讲的风格

措辞的纯粹、得体和精确，以及整体的清晰、统一、强调、力量、和谐和活力，这些要素对演讲和写作同样重要；正如接下来马上就要讨论的其他条件也有助于决定说话者的风格，但演讲者的性格必须支配所有要素。

“诗人是天生的，而演讲者是造就的。”霍勒斯（Horace）说。这句话只说对了一半。演讲者必须拥有一些天生的禀赋，这些天生的禀赋容易受到文化的影响，而个性就是其中之一。表达源于个性；因此，前者服从于后者的调子和精神。当一个人充满活力的时候，他会情不自禁地想要说些什么；如果他不这样做，他就会崩溃。

因此，我们看到，男子气概的所有品质和要求都对形成说话人的风格有很大的影响。他可以假装拥有不属于自己的品质，他可能会在某些场合压制他的真实本性，他甚至可以巧妙地借用别人的话语；但从长远来看，性格终会影响到他的话语风格。

一个人的个性和“其个人知识库中的信息质量造就了风格——语言贫乏或丰富，表达清晰或混乱，叙述生动或沉闷”。①

鉴于这一真理，我们可以看到，谦虚、真诚、自然、诚挚和其他所有的个人特征都会展现在风格中，不可能由教授所得，而必须是内在性格的外在表现。拥有这些品质的方法就是在生活中培养它们。也只有这样，这些品质才能被恰当地表现出来。

语言的结构和处理确实是教授的对象，但仅仅作为传达思想、感情和意志的工具，它们只是演说者工具的一部分。他真正的力量来自内心。个性是演讲的动力，培养它要从生活中入手。先有一个初步的想法，然后再去表达；先想好，再说话；先有意志，然后行动。你认为除了格莱斯顿（Gladstone）高标的思想境界，还有别的什么东西能使他的这种高尚的风格成为可能，并使他的情感得到满足？一个人如果仅有热切的精神，他的口才能像温德尔·菲利普斯（Wendell Phillips）那样发出热烈的声音吗？一个

① 引自《公共演讲与辩论》，霍利约克（Holyoake）。

人缺少了兴趣和热忱的指引，还能像丹尼尔·韦伯斯特（Daniel Webster）一样爆发出动人的感染力吗?

正是这些特点让听众自然地感受到强烈的力量，演讲者一张口，其品格便展现在每个词语中。演讲者表达这种充满活力的思想时，安静不会被误认为是愚钝，也不会被误认为是胆小怯懦。有力量的思想不像清澈的小溪那样温柔，小溪缓缓流淌是因为它没有力量卷起波涛，而应该像是大海的一种心情平和的、崇高的自我约束。这些温柔的涟漪随时可能膨胀为势不可挡的力量。当演讲者终于抒发出胸中高涨的情绪，一股雄辩的浪潮将会在其高耸的波峰上掠过他的听众。

这种个性显现在许多方面，但没有比在风格上更明显的了。服饰、礼仪、工作和生活都是例子。所以，演讲者可以用他的风格来表现个性；也就是说，他的个性能够磨炼其运用一般风格的能力，并在不断的使用中产生他自己的风格。当然，这种明显的个人风格的发展，只有在杰出的演讲者身上才能看到；不过，关注一下年轻的演讲者如何发展个人风格也是非常有趣的。一个脾气暴躁的人自然会采取一种简短而干脆的表达方式；性格随和、性格温和的人在讲话中也会反映他的特质；而虚张声势的人会倾向于一种华丽而又俗气的风格。正是在这里，修辞学训练的价值便体现出来了，因为修辞训练使说话者掌握了各种各样的表达方式，从而达成他的目的，而不会埋没他的个性，或使其接下来不愉快。当演讲者处于最佳状态时，所有的话语都将充分而真诚地表现其最好的自我。

二、演讲的风格应该比书面语更自由

渊博的吉尔克里斯特（Gilchrist）曾经写道："古代哲学家所说的规则，也许是正确的修辞规则，它们就像蜘蛛网，纠缠着弱者，而为强者所无视。好文章最重要的规则是：作者应该是自由和大胆的。"

确实，有时正如教皇所说，"一点知识是危险的"。只要修辞和逻辑的规则被用作拐杖，它们就不能再被当作武器来使用。只有专门的规则被掌握，并且成为作家或演讲者的第二本性时，自由和个性的写作才能成为可能。要熟悉话语规则，它们可能会帮助你，而不会妨碍你。不要墨守成规，要学会如何在没有规则的情况下写作。

"散文是对话的进化。"因此，最自然、最自由的公共演讲是对话式的。但是为什么要强调这一点呢？因为有很多像汤姆·伯奇（Tom Birch）那样的人，约翰逊（Johnson）博士说："他在谈话中像蜜蜂一样活跃，但他刚拿起一支笔，就仿佛有鱼雷攻击他，他所有的官能都麻木了。"最好的准备工作是在写作时像面对着听众一样。为了达到这种自由的状态，你最好记住以下几点：

（1）你正在传递信息，要直接。鲍登学院的海德校长讲述了一个没有教区的牧师是如何来到牧师约瑟夫·帕克（Joseph Parker）牧师的身边请求帮助一个教区的故事。帕克让他的访客做一次演讲。在演讲中，帕克打断了他，"现在我知道为什么你没有一个教区了，你只是在表达你的思想，而不是在与我对话。”

（2）使用日常生活中的人物和习语。不要“踩高跷”，要符合生活。

（3）大声朗读范文，以捕捉其直接、自由的风格。

（4）大声朗读你自己的讲稿，看它是否“能说得顺”。

（5）自由地使用直白的陈述句，避免“宏大的风格”。

（6）通过明智的重复和总结来强调重点。

（7）不要超出听众的理解能力，要有可解性和针对性。

（8）不说“我们”，少说“我”。

三、公共演讲的整体风格受到演讲者、场合和主题的限制

演讲者身处这三重限制中，我们可以看到，除却演讲者的局限性，他本身会是最好的评判者。风格是与场合和主题密切相关的，这些因素也决定了演说的种类，因此，对大纲的考察有利于演讲者根据他所要演讲的类型来准备风格。除了这条建议之外，任何其他方向都不建议尝试。

公共演讲：

（一）形式

1. 描述
2. 陈述
3. 解说

4. 论证

5. 劝导

（二）种类

1. 即兴式演讲

2. 提纲式演讲

3. 诵读

4. 致辞

（1）法庭演说

（2）协商

（3）宗教演说

（4）展示

①颂词（临时的）

ⅰ特殊场合演讲

ⅱ周年

ⅲ致辞

ⅳ纪念

②抨击（经常的）

ⅰ大学

ⅱ讲座

ⅲ特殊场合

第十四课 如何做到独树一帜的风格

措辞是思想的服饰，看起来更体面、得体。

华丽的语言装点的自负，仿佛是披着华贵的贵族服装的小丑。

——《论评论》，蒲柏

一、词汇——地道地使用正确的语言

1. 词汇本身

（1）使用标准的词汇，既不过时也不过新的词汇。

（2）在公众演讲中避免使用方言和术语。

（3）自然地使用外来词汇。

（4）模仿好的演讲者，避免使用俗语或不恰当的词汇。

2. 合理使用词汇

（1）即使听起来正确，也要万分谨慎不要使用错误的词语。

（2）不要使用了多义词却不作出清晰的阐释。

（3）对词汇如有疑义，及时查词典。

3. 精确地使用词汇

（1）在众多近义词中，使用能准确表达你的每层意思的词汇，无论种类还是程度。

（2）简单的词语最有效。

二、句子

种类：

（1）短句应该用来表示活力、强调、快速的动作和充满激情的话语。

（2）太多的短句子会产生一种语句不连贯的效果。

（3）为了细节，通顺和节奏，使用长句。

（4）注意不要让长句子混淆了意思。

（5）用平衡的句子引出对比。

（6）为了保持兴趣，使用有趣的句子。

（7）为了沟通方便和进行非正式的谈话，使用松散的句子。

（8）不要把自己局限于任何一种种类，而是要学会使用各种各样的句子。

三、风格的本质

1. 语法正确

（1）“把所有格都限制在人身上。”——杰农。

（2）只有在可疑的情况下才使用虚拟语气。

（3）使用时应小心谨慎。

（4）“不要让介词干扰动词和主语的一致。”——杰农。

（5）不要在不定式部分放置副词。

（6）对于句子或段落整体，要遵从理智而不是语法。

2. 明确

（1）让副词和副词修饰词离它们所修饰的词更近一些。

（2）增加限制性修饰词，让句子更精确。

（3）“在一个词和它的修饰语之间不放任何影响理解的东西。”——杰农。

（4）要确定每个关系代词都清楚地指向它的先行词。

（5）一个从句不能用作关系代词的先行词。

（6）毫无疑问的是，在两个或两个以上的名词中，一个人称代词与数字和性别有关。

（7）省略没有明显暗示的部分。

3. 整体性

（1）在写一个句子的过程中，不要改变它的主题或改变观点的立场。

（2）这个句子应该完全由一个主要的观点支配，并且在它的直接作用下，每个从属的观点都要依赖它。

（3）不要把相互矛盾的观点挤在一起，没什么天然联系的观点也一样。

（4）不要将相关的从句附加到其他独立的从句中。

（5）过多地使用插入式的表达往往会使思想偏离主题。

（6）不要在已经完成的句子末尾附加一个补充的表达。

四、风格的特性

1. 强调

（1）为了强调，把句子主旨放在显眼位置，其他部分则作为背景。

（2）将修饰语的位置颠倒过来，使其更加突出。

（3）倒装句会强调逻辑主语或主要思想。

（4）把次要问题放在前面，以强调逻辑主语（定语从句）。

（5）对词和句子加以重复，能加强语气。

（6）使用层进法。

2. 力量

（1）简单、具体、简短、有力的词语能给句子增添活力。

（2）避免无用地重复观点，避免不必要的词语的使用。

（3）“以敬词结束演讲。”——温德尔

（4）出于权重的考虑，删去修饰语，将句子和短语精简为其他等价的词，并从中选择语义最直接的一个。

（5）去掉多余的连接词。

3. 和谐

（1）让语气符合词语的语境。

（2）当需要重复观点时，尽量选择同义词。

（3）有节制的使用头韵。

（4）用耳朵倾听自己的声音，使其变得和谐。

4. 活力

（1）使用标准而直接的词汇，给话语注入活力。

（2）区分成语和过时的表达。

（3）避免使用诗歌形式。

（4）小心夸张风格的陷阱。

（5）要想在演讲时快速移动，可以通过模糊细节，并使用修饰语刻画特征点来实现。

5. 人物

（1）使用明喻、暗喻、典故和拟人，做到简洁而生动的描述。

（2）使用询问、感叹和夸张等手法，给人以深刻印象。

（3）省略号和视觉效果（基于现实），适合戏剧性叙事。

（4）研究比喻的使用以及寓言的处理。

（5）不要使用数字，除非你想增强清晰度、力量或美感。

（6）人物应与演讲的一般特质相称。

（7）建议研究不同的对象来灵活运用人物。

（8）同一个句子中不要混用修辞性语言和平实性语言。

（9）人物不应该被不当地运用，也不该被过度运用。

五、重复的观点的多样化表达

重申观点的方法：

（1）使用同义词。

（2）学会使用双重否定法（间接肯定法）。

（3）谨慎使用重复观点，使用婉转曲折的说法可以提供多样性。

（4）研究重组句子的艺术。

（5）求助于表征性词语。

（6）修辞格提供多样性。

（7）轮换使用陈述句、疑问句和感叹句。

（8）改变动词的语态能够使表达效果更多样。

（9）使用倒装句。

（10）学习运用直接引用和间接引语。

（11）引用有根据的事例。

（12）把诗意的句子用平实的语言表达出来。

（13）把从句精简成短语和单词；反之，将单词和短语扩展成从句。

六、观点的划分

观点的关系：

（1）整个话语的每一个部分都应该被一个主要的观点所支配，并且在它的直接作用下，每一个从属的观点都要依赖于它。

（2）每一次划分观点时，都要遵从其本身逻辑，并维持它的统一性。

（3）观点的几个部分必须循序渐进、相互一致，每一个分支都从其前一部分中发展起来，这样整个系列就会走向一个高潮。

（4）从一个部分到另一个部分的过渡必须是平稳而自然的。

（5）所有的分观点都应该多少涉及你想要探讨的主题。

七、篇章整体

总体效果：

（1）让演讲的类型和场合的性质决定你的风格。

（2）不要牺牲认真、个性和率直来获得文学效果。

（3）使演讲的每个部分都从属于整体的效果。

第三部分
别让演讲卡在前置工作上

无论如何，不要说话，直到你有话要说；不要在意说话的回报，而要简单地、一心一意地保证所说话语的真实性。

——《论传记》，托马斯·卡莱尔（Thomas Carlyle）

教育是如何调动自己的全部能力的知识。许多人用他们的天赋来运用一种或两种能力。一个受过良好教育的人则懂得如何运用每一种能力——如何调动它，如何保持它的锐气，以及如何将它应用于所有实际目的。

——亨利·沃德·比彻（Henry Ward Beecher）

“真正的演讲家会用他的人格，用他所有的力量来演讲，出于这个原因，在他演讲之前，他应该调动起自己所有的能力。”①

准备工作中最重要的一点是，演讲者必须直面自己。无论他在准备的讲稿中写了什么，现在都要由他来推动它，要把它作为射向目标的箭，真实而有力地表现出来。但是，如果没有专门做好准备，这是不可能做得到的。演讲前要做多长时间的准备，取决于环境和演讲者之前所受的训练；而任何一个演讲者在面对他的听众之前，都必须认真地注意下面将要讲到的这三重准备。

① 引自《即兴演讲的艺术》，博坦。

第十五课　做好心理准备，增加信心

小心翼翼，使自己免于恐惧。

——《亨利八世》第一幕第二场，莎士比亚

当话语一旦被完全或部分地投入到写作中，就会有一种解脱感出现在演讲者身上，但这也产生了新的负担，以一种新的形式。而就在这里，会出现了一种“危险”——大脑可能会失去与它刚刚创造出来的事物之间的共鸣。

一、让演讲引人注意

你的心灵是否会在写作过程中发光，期间灵感不断迸发，只求一个恰当的表达？在你最后的准备中，你又是否会推陈出新，满怀柔情地把你的全部热情投入到你想要传达给听众的信息中？还是像往常那样，思绪迟缓，情绪和反应都很无力？更重要的是，你是否巧妙地把完整的观点牢牢地握在手中，让它作为一个圆满的单位，去达成不完整的观点所无法达成的效果——用马修·阿诺德（Matthew Arnold）那富有表现力的话来说就是：你的观点在“甜蜜和光明”中被传达了出去？

要记住，这些疑问适用于整场演讲中的任何一个闪光的部分。如果你想给听众留下一个简洁有力的印象，那就先给自己留下深刻的印象吧。在你的内心要直面这些闪光点，去概括它，发挥你的想象力，看清它的全部，然后在它的基础上不断地继承，不断地分裂，做到举一反三。所以，**抓住它!**

当你需要记住演讲内容时，没有比抓住主要观点更好的策略了。如果你要做的演说是朗诵类，那么你需要传达的是他人的作品，你就必须敞开心扉广泛地接纳选文的精髓。当演讲者说出这些话时，他的感受是怎样的？他的面前坐着什么身份的观众，在什么样的场合？对这些考虑的理解将会使单纯的记忆变成对作品精髓的解读——掌握了中心思想，语句便会随之而来。同样的道理也适用于你自己的创作，无论是完整的还是概要的。[①]

二、保留精力

但是，让演讲吸引人并不是心理准备工作的全部。帕克赫斯特（Parkhurst）博士曾经悲叹大众无法保持愤怒，并将此作为众多改革运动“逐渐消失”的原因。多少精心孕育、热情洋溢的演讲，由于完全缺乏活力，而在观众面前“逐渐消失”了。

运动员从来不会在实际比赛前就耗尽全身力气。演讲者也一样，必须懂得保存自己的精力。身体状况会对演讲产生很大的影响，但问题主要还是心理上的。当你的个人准备工作达到一定程度，就该适时停止了，给自己一点喘息的机会。就好像士兵枕着手臂睡觉，其实是冲突前的安详，是暴风雨前的平静，绝不能忽

① 在公共演讲方面更着重有准备即兴演讲的读者可以参考以下书籍：博坦的《即兴演讲的艺术》，谢泼德（Sheppard）的《站在听众面前》，皮滕格（Pittenger）的《有准备即兴演讲》。

视这一点。在精神紧张后恢复一段时间——既不至于引起嗜睡，也不至于短到无用——将会给你带来无法估量的价值，让你在演讲台上保持清醒和自控。

在这方面，演讲者们的做法各不相同。有些人会在最后一刻开始做准备，然后在最后一小时的光辉中冲向观众；而另一些人则习惯性地在交付前几小时将手稿放在一边。后者——一般演讲者——会把最后几个小时用于休息，在大自然的美景中短暂地散步，阅读激动人心的书，聊一聊愉快的话题，写点什么，做点什么，这样他们就可以摆脱演讲前的紧张和怯场。

登上演讲台前，演讲者会感受到紧张、沮丧和不祥的预感等一系列负面情绪！有些人在上面提到的方法中得到了解脱，不过，据说在那段充满紧张的时刻，并没有什么能让演讲者真正摆脱紧张、沮丧的情绪。但是，只要演讲者在台上张开口讲出了演讲的第一个句子，兴奋的情绪往往就会取代那些负面情绪。

人的本性是多种多样的。一些有影响力的演讲者宣称，如果带着沮丧的情绪走上演讲台，那么演说一定会乏味而了无生趣。另有些人甚至会在演讲前睡上一觉。所以，一个基本的原则是：在发表演讲前不要用尽所有精力！

第十六课 音调与发声的技巧

人类声音的音调比弦乐或铜管乐更能打动灵魂。

——克洛普施托克（Klopstock）

演讲者要做多少技术性的准备，取决于他的目标有多大。某种意义上来说，心理上的准备方法贯穿于我们的教育当中，因此无须赘言，而技术训练——声音、态度和姿态——则可能需要我们进行详尽研究。如果你想成为一名演员或戏剧表演者，你必须遵循学校的教学；但如果你决心成为一个有吸引力的演讲者，你就必须学会自学。

这是否意味着老师对你没有好处？事实上，除非你采纳老师的建议，不然的话，他的确对你没有好处。可以说，你是独立生活的个体，所以当你张开双唇的时候，你能听到自己说话的声音。倾听你自己的声音，如同内森·谢泼德所说的那样“倾听你自己的声音”。[①]

这一课的格言的含义非常简单，但它包含极为重要的意义：你必须遵从你的意志。意志力能让你把声音从一个吱吱作响的机器变成一种有力的乐器；它能使你发出你所希望发出的音调，

① 引自《站在听众面前》。

以合适的方式，在合适的时机。与其让音调在意想不到的时候高低起伏不受控制，不如通过刻板的训练让其变成一种身体的本能。

你不能只在为公共场合演讲或为公众演讲而排练时，才尝试对自己进行训练。如果这样，你一定会失败。要试着在对话中掌握你自己的声音。若你在私人演讲中经常做得很好，那么在公共演讲中你也会做得很好。演说既需要穿着得体，也需要举止得当——这两项都不是针对某个场合的。连续不断地练习，不是为了结果，而是为了获得完美的控制。在你对声音的控制变得得心应手之前不要停止训练，这样你才能在谈话中使用出完整而圆润的重音，就像优秀演讲者在演讲中一样铿锵有力。这也是让你的言语变得有力、灵活和自然的唯一途径。无论何时，你都要让你的声音服从你的意愿。

下面的原则并不是一个演说体系，它们是从许多来源收集的建议，都通过了多年实践的检验。如果你并非有意识地去应用它们，那么这些建议就毫无用处。所以，用“我的意志控制我的声音”这句话作为你的座右铭吧。

一、声音的保护

（1）保持身体健康、饮食合理以及生活清洁。

（2）避免使用新药——如果嗓子疼，请咨询喉科专家。

（3）用冷水冲洗颈部和喉咙。

（4）过紧的领子、酒、镇静剂、糖果和蜜饯等因素都有可能会使嗓子发炎。

二、呼吸

（1）习惯用嘴呼吸，如果你不能，找出不能的原因。[①]

（2）练习深呼吸。[②]

三、表达的要素

（1）改变声音的质量，以适应情绪。

例子：

纯净地发声："听着，我的孩子们，你们将听到保罗·里维尔的午夜之旅。"

响亮地发声："翻滚吧，你这深蓝的海洋，翻滚吧！"

气声："嘘！当然，你听到了！"

喉音："让腐尸腐烂！"

（2）改变声音的力量，以帮助表达。

练习：

从轻到响："我一点儿也不相信！"

从响到轻："我绝不会同意！"

从响到轻再到响："不论我们的要求多强烈！"

从轻到响再到轻："即使你承认这个荒谬的断言。"

高低起伏："离开！离开！向前！向前！"

---

① 引自《习惯用嘴呼吸》，威格纳。

② 引自《呼吸的艺术》，科夫勒。

（3）通过改变音调来表达思想和感情的层次，避免单调。

练习：

（运用你的意志力，把音调控制在特定的高度）分别用高、中、低音说出“不”！

用蔑视、坚信、不确定、脆弱、气愤或其他的语气说出“好”！如此这般尝试着再说出“不”。看看你能表达出多少种不同的情绪，注意你在不知不觉中改变了的音调。

用笑来表示惊讶：哈——哈？！（音调渐高）

这是诚实的人的作品吗？（音调从低到高）

无论他怎么想（注意重音），这绝对是错的（注意音调从高到低变化）。

（4）调整速度，以适应文章的思想。

语调缓慢：“我要举目眺望群山，找到我的助力。”

语调快速：“快跑，集结护卫。”

语调加快：“你敢这样瞧不起我？”

语调破碎：“我——一个贫穷、衰老的——沦落为——乞丐的家伙——将成为你的继承人？”

始终如一：“这些是会影响到你的因素。”

（5）随着时间的推移，伴随着力量的增加和音调的变化。

例子：

随着时间的推移而抬高音调：“你胆敢如此讥讽我？”

（6）随着时间的推移而降低音调。

例子：

音调庄严并逐渐低沉：“我 | 是 | 你 | 父亲的 | 灵魂。”

（7）警惕音调的单调，必须不断地做出改变。

（8）在需要的地方做出停顿。

（9）强调是通过下面七种方法中的任意一种来实现的。

例子：

力量增加："我一生所讨厌的实践。"

力量对比："苏格拉底作为哲学家而死；基督作为神而死。"

力量减少："让我低声说出那个致命的词——叛国！"

停顿："给自由让路——去死吧！"

喉音："他咆哮了吗？"

洪亮："如同惊雷一样说出真理！"

气声："我能听到主人鞭子的抽打声。"

音调变化："那是我的兄弟？——无稽之谈！"

拉长的发音："他是——怎么说的？"

（10）是你的思想，而不是规则，决定着演讲的重点；如果某词语或段落涉及到重点，就必须使其突出。

（11）表达的元素要结合在一起，这赋予了表达无限的多样性。

（12）先学会听自己说话；然后让你的意志支配你的声音，你可以改变它的质量，控制它的力量，调整它的音调，调节它的语速，引导它的重点，它将会像钢琴演奏者的手指一样迅速地服从你的意志。

（13）根据前面的格言所表达的原则，发明其他的练习。

四、发音

在一般用法中，发音、口齿和吐字是同义词；但在现实中，发音包括三个不同的过程，因此可以将其定义为：一个词或一个音节的发音、重读和吐字。

发音是公众演讲中最重要的考量之一。有演讲者想听起来“不清晰但真诚”，甚至妄想以这种方式讲述给听众进行讲述，这是多么荒谬的事啊！讲述？讲述的意思是口耳相传，必须让每一个语句都清晰可辩才行。

从语速、重音和吐字三重标准来看，发音缓慢是由身体不适或坏习惯造成的。当然，运用意志力进行自我观察，然后认真地做练习，可以打破坏习惯，一切都取决于你是否觉得值得。

那些连自己的母语都说不清的人有什么权利去教育公众呢？一个坚持把幸福、家庭和天堂读成“新福”“家听”“天坛”的人，居然试图成为一名公共教育者，这显然是令人难以忍受的。这样的人甚至没有表现出足够的自制力来纠正自己的错误。如果他不能做到更好，他就应该保持沉默。如果他将来也没法做到更好，他更应该保持沉默。如果他真的希望做到更好，他可以关注自己的发音并纠正其中的缺点。历史上毅然决然地克服了懒散的语言习惯的演说者可以说数不胜数。

除了无法克服的身体缺陷和罕见的自然天赋之外，所有问题基本上都可以说是意志的问题。“你拥有的越少，你越需要充分利用自己所拥有的东西。”[①]

下面来看看关于准确发音的三种要素，想要吸引和抓住观众，三者当中的每一个都需要认真对待。

（1）“发音是演讲的基本构成。”[②] 英语的44个基本发音，形成了约33万个单词，并进而组成无数英语词汇。我们必须承认，正确使用这些基本的发音确实很重要。许多人都能流畅地背诵它们，但是能够准确使用它们的人却很少。

问题出在哪里？

除了生理缺陷外，真正的困难在于四个显而易见的事实：一是对基本发音的无知；二是对于十分相近的发音不加区分；三是懒于练习发声器官；四是缺乏意志力。任何一个拥有良好自控力的人都会知道该如何处理这些缺点。

元音的发音是最常见的错误来源，尤其是在读双元音的时候。

似乎没有人会觉得“beatify”很难念，但许多人坚持把“duty”念成“dooty”或“juty”。我们不再听到有人把“few”念成“foo”，但很少有人像念“few”一样念“new”。我们不仅会从没怎么受过教育的演讲者那里听到如此邋遢的发音，如 certain 与 certen，pretty 与 pritty，creek 和 crick，甚至偶尔还会从伟大的演说家那里听到这样的发音。

上面已经提到了读元音时最容易出现错误的单词类型。而这些几乎都是粗心大意导致的错误，而不是源于纯粹的无知。当然，

---

① 引自《站在听众面前》，谢波德。

② 引自《演说术》，麦基尔文。

一个外国人发现相同的拼写并不总是有着相同的发音时，他一定是很恼火的。我们可以原谅一个受过教育的人在复杂的英语发音中偶尔迷失方向，但不能接受懒散地发错一些构成语言生命力和美感的基本发音。懒散到全凭直觉发音的人应该保持沉默。

辅音的发音有时会给那些不注意拼写的人带来相当大的麻烦。在这方面犯错，除了粗枝大叶之外，别无其他解释，比如：Jacop、Babtist、sevem、alwus 和 sadisfy。

“他拥有什么，就让他做什么，”这是一位英国牧师对熟悉的经文所作的解读，“有耳可听的，就应当听。”

在听到汉弗莱·戴维爵士的名字的发音后，一个想写信给这位杰出的英国人的法国人在收信人处写下了“瑟伦·弗里大卫”。所以，如果你不重视发音，仍然漫不经心地读错他人名字，那么你就可以说和这个法国人差不多水平了。

（2）所谓强调，就是把重音放在恰当的音节上。这也是我们常说的重读。而现实中，我们常会犯下将重音放在不恰当的音节上的错误，这实际上是对重读这个概念的冒犯。

学习大量词汇的重音并跟上其变化的节奏需要我们为此学习一生。而敏锐的听觉、对词源的研究以及查字典的习惯，则是这项学习当中最强有力的助手。

（3）正确的吐字是将一个音节或一个单词所有音节完整无误地读出来。而错误的吐字则可能是将一个音节或一个单词的元音发成错误的读音；也可能是一个音节或一个词没有完整地读出来，这其中读错的或省略掉的通常都是辅音。比如将“chuck-full”

（吃饱）读成“chock-full”（塞满），将“doing”（做）读成“doin”，前者就是典型地给一个词强加了错误的发音，后者则显然是没有完全发出所有的音节。

这种对重要声音的随意抛弃，就像把单词中的音节简单堆砌一样，都会使他们失去个性。

之所以会有不完美的发音，是因为相当多的人缺乏意志力和懒于训练。事实上，通过认真地注意音节的形成，练习让自己的嘴唇清晰地表达出复杂的发音组合，是能够纠正不完美的发音的。而每天短时间内进行一系列发音的练习，会使你的嘴唇变得灵活，让你的头脑保持警觉，这样你就不会再发错读音了。

回到我们的定义，当一个词的各个音节被正确且完全地发出，音节被正确地重读，我们就有了正确的发音。除此之外，还有一点要注意，有些人尽管做到了以上几个要点，却往往会忽略了这一点：发音的统一和流畅。注意不要把音节弄得太突出，免得单词看起来又长又有棱角，要注意处理好音节之间的衔接。

在发表演讲之前，一定要先过一遍讲稿，并注意每一个可能发错音的地方。查字典以确保正确。如果语句的安排不利于口齿清楚读出的话，试着改变词语的顺序，不要停下修改，直到你可以做到如同哈姆雷特对乐手的要求一样：

讲讲话，我求你了，就像我念得那样，轻快地动动舌头：但如果你像其他乐手那样说话，我就让叫卖的小贩念我的台词。

第十七课 肢体语言让演讲更加有力

行动本身就是雄辩，眼睛再无知也比耳朵更显睿智。

——《科里奥兰纳斯》第三幕第二场，莎士比亚

从某方面来说，本课程所涉及的问题都和演讲主题的严格性有关，但由于那些想从提示中寻求帮助的人希望在演讲准备过程中立即就能运用上，所以，本课程将进行更加通俗的阐述。

有两点需要切记。首先，肢体动作能增强演讲的表现力。肢体动作会帮助你把你的想法和感觉有效地传达给你的听众，没有肢体动作，言语就是苍白的。微笑和流泪，安抚和打击，走动和手势，都是上帝赐予我们的礼物，目的是让我们能够表达出内在的自我。声音用来吸引耳朵；动作则用来吸引眼球。

举个例子，有两名男子遭到指控，他们两个虽然都不发一言，却都在表达自己。其中一个人面部表情又惊又怒，肢体紧张，不断颤抖。而另一个人，他的每一个姿势、动作都显示出他的痞子气质。所以说，肢体动作有时候比语言更有说服力。诚然，我们可能会被两者的语言所欺骗，但他们的举动会表明一切。肢体动作可以说就是一种表达。你想表达什么？没有心理和精神的驱动，一个人显然不会有任何外在的表现，那么，你就应该先让你所想表达的东西点燃你的灵魂，然后让你的灵魂点燃你的身体，最后

再点燃你的观众。

由上所述便可得第二点：肢体动作必须由意志来点燃和操控。当不受意志的控制时，一个人就会陷入做梦、紧张或发疯的状态中。不要让你的腿和手臂支配你，而是你去支配它们。这是否意味着你必须时刻考虑自己的腿和手臂的举动？并非如此，你只需把它们放在它们应该待的地方就可以了，期间尽量不去关注它们，让它们一直待在那里直到适合行动的时候。

一、仪态

健康的肌肉显然比较容易控制。因此，你应该锻炼好你的身体。如果只是单纯告诉一个人不要跺脚，不要内八字脚，不要有攻击性地用脚指向他的听众，不要紧张地将重心从一只脚转移到另一只，不要失去平衡，不要不停走动，等等，那么很可能收不到什么效果。大脑控制着脚的动作——或者是应该控制着脚，让意志主宰一切，那么演讲者的众多规则就显得没必要了。并非所有的人都是优雅的，但是，所有的人都可以把爱、自尊、决断和自制体现在动作姿态里。如果能在客厅里走得体面，那么在演讲台上的走路姿态也不会有什么问题。如果在日常生活中，一套衣服让你的下巴和腹部感到不适，让你的胸部感到压抑，那么它就没法让你在观众面前保持直立姿态。直立姿态必须成为你的习惯，这一点需要通过肌肉来时刻保持胸部和下巴的高抬。

不可否认，教授站立和行走的姿态是有价值的。但是，我们坚持的是，姿态必须是思想和感情的延伸，而意志必须贯穿始终：总之，想看起来像某类人，最好是成为某类人。

“只要表现得自然即可，”当然这句话对一些人来说并不适用，内森·谢泼德说，“对于一些人来说，当最需要思考的时候，他们无法思考。”表现得自然，虽然并不是周全的建议，但当演讲者在公共场合发表演讲时，应该敦促他表现出自己最好的样子，就像没有人看着他一样。

二、头和脸

关于头部和脸部的注意事项，乱晃的头、漂浮的视线、紧张的鬼脸、无意识的皱眉，都可以通过意志来制止，但却弥补灵魂的缺乏。眼神、脸部的线条、头部的姿态，都可以是内在的表达。缺少什么，就补足什么。树上不结果，就去根上找，果实并不是只有树枝上才会结。培养你的灵魂，如果你有一种认真的精神，就养成以你特有的表达它的习惯。

来做个测试。在自己的内心中，不断地唤醒自己的情绪：抑郁、兴奋、快乐、喜爱、崇拜、自信、怀疑、傲慢、蔑视。变化头部的位置、眼神，以及脸部的线条，从而依次表达每一种情绪。这样做，并不是让你思考别人在这样的情绪中是怎样做的，而是希望你弄明白，假设你是哑巴并且你只能通过头部动作和脸部表情和人交流时，如何让人理解你的想法。不妨试试这个办法。

有些演讲者的脸庞是多么的鼓舞人心啊！那么其他的人，他们的思想有什么缺陷呢？事实上，灵动的、敏感的、富有表情的脸就和刷牙一样，是一个习惯的问题——对公众演说家来说，这甚至可以说是一种责任。

三、手势

“当伏尔泰正在为他的悲剧中出现的一个年轻女演员做准备时，他把她的手绑在她的腰上，以检查她是否倾向于过度的手势。在这种强制着不能动的情况下，她开始排练，有一段时间她冷静地忍受着，但最后，她完全被自己的感情冲昏了头脑，她挣脱了束缚，抬起了双臂。事后她对自己的疏忽大意感到震惊，于是开始向伏尔泰道歉，伏尔泰却微笑着安慰她说，这其实令人钦佩，因为这是无法抑制的。”[①]

现实则有所不同，创作者的困难在于让演员们变得热情，以打破惰性的束缚。压制活力是比较轻松的，热情也很容易冷却，所以不是人人都能在公共演讲中变得热情。多数演讲失败都是由于缺乏肢体上的表现力，而非过度表现。这两者其实都不好，但更应该拥抱后者。伏尔泰的女演员就属于激情过度，而大多数的演说家显然缺乏激情。另外，拍桌子不属于肢体表现出来的激情。

手势不仅仅是肢体上激情的爆发，也是一种表达思想、感情和意志的媒介，你的手势必须基于这些因素而发。

公共演讲者和演员的手势不同。演讲者不会沉溺于自己那或平实或激昂的言辞中，他仍然是他自己，而且过分的扮演也很无礼。演讲者“必须展开这幅画，并允许观众的想象去描绘它……也许他画出了匕首的图案，但没有必要给匕首戴上刀鞘”。[②]

---

① 引自《演员的艺术》，雷德韦。

② 引自《实用演说术》，富尔顿和特鲁布拉德。

但是，演讲者即使不采用演员的方法，至少可以从中得到启发——书中读不到的启发。热忱若在心中点燃，就会弥漫全身，在行动的火焰中迸发出来。精神上的真挚和身体的活力凝聚在一起，任何人也无法让它们分离。你心中只要有对演讲主题的信仰，并意识到其重要性，你就不是在表演而是在表达。那位演员的例子也许能教会你如何运用肢体的活力，但在此之前，你必须有精神上的热忱。

早期的卫理公会牧师乔治·怀特菲尔德（George Whitefield）曾获得过极大的话语力量，以至于令加里克（Garrick）嫉妒不已，而怀疑论者休谟（Hume）“走了很远的路去听他所厌恶的教义，因为那风格让他着迷”。

某一次演讲时，怀特菲尔德忽然设想了一种不可抗拒的航海天气，他说：“我的孩子们，我们有一个清晰的天空，并在微风下平静的大海上稳定行驶，我们在快速远离陆地。但是，这突然降低的天空，以及从西边的地平线上产生的黑云，是什么意思呢？听！你没听到远处的雷声吗？你没看见闪电的闪光吗？暴风雨就要来了！每个人都有危险！天空是黑暗的！——暴风！——我们的桅杆都不见了！船在她的梁端上！下一步该做什么？”教堂里的许多水手完全陷入了这戏剧性的描述中，跳了起来，叫道：“小艇！到小艇上去！”①

还有一次，怀特菲尔德扮演一个眼盲的老年人，向悬崖边缘缓慢地走去。这时，切斯特菲尔德勋爵（Lord Chesterfield）站起

---

① 引自《站在听众面前》，谢泼德。

来喊道："上帝啊，他走了！"

即使你不是怀特菲尔德，你也能做到这些。无论如何，你都可以成为最好的自己。大卫虽然无法穿着扫罗（Saul）的盔甲征战，但他只用一颗小石子就击杀了巨人。

但是，有人就会问了，难道就没有关于手势的规则吗？当然有，第一个：思考！当然也要观察、模仿、练习。那是否有更能让新手领会的规则呢？有！下面予以列出：

要避免尴尬。

演讲时的第一个手势代表某种强制性东西，是对意志和活力的回应；当描述事物时，它表示可以掌握、限制或控制。

手势可以用来表示指出、计数、分析、警告、指责、威胁。

不要用一只手做太多的手势。

不要握着你的手。

坐着的时候，身体应该在椅子的前面，背对着它。

读了这一连串的规则，你可能想喊出来。当然！有些事情可能是出于安全考虑。作者还没有发现任何站在椅子后面的学生会想要坐下来。对牛弹琴是徒劳的，但认真的演讲者可以通过思考来找出要点。霍利欧克（Holyoake）说："真诚并不总是优雅的；热忱却是最好的老师。"

"回归自然。"哲学家们呐喊道。让我们来呼应这一呼声。观察人类的各种情绪，从伟大的演讲者那里获得灵感，研究大师们的手势，模仿古代雕塑家在不朽的大理石上雕刻的自由和尊严——思考！意志！

第十八课　通过演练增加熟练度

让动作契合语言，让语言契合动作。

——《哈姆雷特》第三幕第二场，莎士比亚

并不是每个人都习惯在演讲前进行排练，也不是每一个人都应该这样做。这一章的内容是针对演讲者的，尤其是大学的演讲者，对他们来说，排练十分重要。

要记住：排练的确能起到一些作用，但有些事是排练也无法改变的。排练有助于发现讲稿是否适合公共演讲——引言是否简单，高潮的安排是否得当，风格是否直接有力，结论是否有效。如果不，立即做出补救。

另外，排练还能发现话语、举止和手势当中的缺陷。短短的排练期内如何攻克这些弱点，则是另外一个问题了。

反过来说，独自练习并不能让你充分体会到听众的反应会如何阻碍或帮助你。独自练习缺少压力和刺激。因此，不要完全依赖排练，而要学会保持你的自控力和理智。

一、总体上的建议

第一步是大声朗读作品，以便于理解。然后是记忆的工作。完成这两个重要的预备步骤后，再正式开始常规的排练。

不要长时间、频繁地排练，以免消耗你的热情；当然，也不要什么准备都不做就站上演讲台。就像在一场比赛前，运动员既不能过度训练，也不能放弃训练。

在白天的工作导致身心俱疲之前的时间，是排练的最佳时间。清晨的15分钟抵得上1小时无精打采的劳动。不要在演讲前一两个小时内继续排练，在那段时间内，你的准备毫无价值，甚至可能使得表现越来越差。

如果可能的话，最好在演讲厅中进行排练。在那里，可以围绕所选主题做无声的“激烈思考”，期间就算一字不说，也是一种有价值的排练方式。

二、排练时的意志

在排练过程中，意志是最重要的。若你厌倦了，对作品失去了兴趣，甚至变得迟钝了，会是怎样的？今天的年轻人在履行职责时对自身的情感状态过于敏感了。就像一名士兵不能因为一些小的原因而放弃训练一样，你不能允许琐碎的事情干扰排练。如果你的训练是在老师在场的情况下进行的，他可能会因为你对这个主题的厌倦和缺乏兴趣而遭受十倍的痛苦，但出于使命，他将会激发他的能量，把热情投入到他的教学中去。事实上，你也可以这样做，强迫自己在工作中保持机敏和警觉。“我不喜欢这样”不应该被当作一个借口，在演讲、生意、足球或任何其他需要活力和热情的事情上都是一样。每一次演讲排练中，演讲者都应该尽自己最大的努力，愉快地为他面前的观众做演讲。要训练自己的能力，以响应自己的决心。即使只有一个评论家在自己面前，也要努力像在许多评论家面前一样尽心尽责——在排练时，可以依靠努力做到最好。许多演讲家能够表现得“得心应手”，皆是因为他们认真做了准备。

三、排练时的批评

伯恩（Burn）在他熟悉的台词中唱出了一种普遍的需求：

哦，给我们一些力量，

让我们像别人看到的那样去看待自己！

这是一个愚蠢的错误，一个愚蠢的想法：

想想在穿着打扮时，我们会摆出怎样的姿态呢？[①]

排练时，演讲者知道自己肯定会遭到其他人的批评，但他同样确信，在排练过程中尖锐的批评会减少正式演讲时的负面评论对自己的影响。所以不要太过敏感。“批评的力量，”朗费罗（Longfellow）说，“只作用于被批评的弱点。”演讲者甚至要学会把不公正的批评纳入考量——这至少可以教会他谦卑。

西塞罗曾让一位朋友写信告诉自己，凯撒对自己的诗作有什么看法，并要求一个坦率的回答。“因为，”西塞罗说，“无论他说什么，我都不应该有丝毫的自轻自贱。”

这与柏拉图的精神是多么相似啊！当他得知就连街上的男孩都在嘲笑他的歌声时，他回答说：“啊，那我必须学会唱得更好。”

排练时的批评可能有三个来源：指导者（有他自己的看法）、

---

① 引自《致虱子》。

朋友（不太可能自由地说出他的想法）、演讲者自己（要么过于偏颇，要么过于严厉）。然而，演讲者往往只有自我批评这唯一也是最好的手段可用。爱默生说我们需要一个人来让我们尽展所能。演讲者却经常只能自己来做这件事，在自我批评时，他的头脑是如此的敏感，以致他认为自己可以身兼三个角色，期间，他会平静地、公正地研究自己，并以一种近乎病态的敏感对待自己的演讲，如同对待别人的演讲一样。他下意识的警觉会使他察觉到自己眼睛所看不到的错误，并且在没有任何其他批评家的帮助下，去感受自己的表达或动作是否恰当。

一个较大的风险是：自我批判者会变得吹毛求疵。一旦这种能力被唤醒，它很容易变得病态，除非以常识对此进行掌控。观众既不是完美的批评家，受教育程度也并非普遍很高，因此要自我批评也应当温和一些，像萨克雷（Thackeray）对待公众一样苛求自己是行不通的。“小炉匠认为每个罐子都是不健全的；鞋匠怀疑每只鞋的稳定性。所以，最后萨克雷也成了这样……他着迷于极致地搜寻，他的眼睛变得如此尖锐，眼睛里的一点灰尘都被视为污渍。”“圣马可（St.Michael）带错了铠甲，圣塞西莉亚（St. Cecilia）弄翻竖琴时就像个势利鬼。”①

明智的自我批评是建立在自我了解的基础上的，自负会颠覆它，过度敏感会扭曲它。在准备或发表演讲过程中，演讲者的头脑中不可能一下子出现上千条规则，然而一旦演讲者掌握了这些规则，就会在头脑中形成一个评定优秀的标准。自我批评就是采

① 引自《萨克雷的生活》，特罗洛普，第二章。

用这个标准来衡量自己以及自己的作品的。换句话说，逻辑学、修辞学和演讲学不再仅仅是一种教条，而是一种心态。然后，当批评家评价自己的作品时，他就会无意识地参考这些规则。

当然，要求没有经验的演讲家达到如此完美的自我评价的境界，可能就太过分了。因此，在达到这一目标之前，不妨把本书中建议的测试先运用到演讲中。

第四部分
表达——架起通往听众的桥梁

对演讲者来说，表达决定一切。

——歌德（Goethe）

策略并非第六感，而是前五感的集大成者。策略源于视觉的开阔性、听觉的灵敏性、味觉的鉴赏性、嗅觉的敏锐性、触觉的感知性；策略能解开所有谜团，战胜所有困难，清除所有障碍。

如果说天分是能力，那么策略就是技艺；天分意味着权衡轻重，策略意味着鼓足动力；天分让人知道该做什么，策略告诉人们该如何做。策略令人直击要害，避免失误；策略令人分秒必争；策略令人随机应变，策略令人紧跟风向，随时准备着迎接一场东风，借力使力。

——摘自伦敦地图集（London Atlas）

表达是演讲的皇冠，是演讲的集大成者。所有的准备都是为了表达，听众等待的是表达，演讲者的声誉也取决于表达。之前的内容已多次强调了表达的重要性，其目的不外乎是为了实现成功的表达。演讲者付诸全力于表达之中。演讲者根据主题，用精辟的逻辑组织事实，用修辞技巧掌控语言，用协调的肢体动作作为表达工具，无论演讲者的知识和经验如何丰富，到目前为止，这些都只是偶然的，关键还是要把信息传递给听众，让其信服。发明天赋、物质材料、手工技艺、上膛的枪支、粉末、射击术、当然还有子弹壳等，这些都只是储备弹药，它们都是为了把子弹射向敌人的命脉而存在的。与此类似，所有的演讲工具也都是为了有效将信息传递给听众而存在的。当然，也不用过高估计这个事实。正式演讲的这段时间对于演讲者来说是“最关键且无法逃避的”。正是因为这点，使得缺乏准备成为一种十分无礼的行为；同样因为这一点，使得演讲者在成功后，整个人心中都散发出难以言喻的喜悦，这就好像一位母亲，当她将自己的儿子带到这个世界之时，便忘却了所有疼痛。

第十九课　了解你的听众，明晰他们对你的帮助和阻碍

雄辩产生于集会之中，而不是仅仅在演讲者中。

——威廉·皮特（William Pitt）

演讲时，演讲者面对的不仅是听众，演讲者本人也是听众。因此，演讲者需要了解听众：知道听众是谁，哪些内容能够打动他们的心，简而言之，演讲者需要知道如何吸引、征服听众。

在准备过程中，演讲者必须时刻将听众放在心上。听众始终端坐于演讲者眼前，他们既是助力，也是阻力。因此，当演讲者最终站上讲台，面对听众时，在他们的眼里，听众就不应该是陌生的，即使在此之前，他们从未见过任何一位听众。

你在对谁发表演讲？请尽可能全面地预测出答案。在与听众接触之前，还有许多功课要做。公共集会的本质是什么？一位成功的演讲者需要具备哪些品质，才能令听众感到愉悦，甚而引发听众的共鸣？优雅的听众是否会和普罗大众一样，对同样的内容和表达做出相同的回应？在什么样的情境和氛围下，才能触动观众的情感？

不同听众之间存在着巨大的差距，这种差距之大，并不输给形形色色的演讲话题之间的差异，那么，既然演讲者会认真地思考演讲主题，他又有什么理由不好好地把听众仔细研究一番？一些最伟

大的演讲往往源于周全的考虑，如：弄清听众是谁。演讲者可以即兴发挥，也可以提前打好草稿。然而，也有许多才华横溢的演讲者未能成功，因为他们不了解面前的听众或即将面对的听众有着什么样的精神品质。另外，为达成目标而调整方法、了解人类天性、在适当的时间说适当的话，都是需要严肃对待的问题。

亚伯拉罕·林肯（Abraham Lincoln）曾经说：“我总是假设，在许多话题上，听众都比我聪明，我会尽量告诉他们最精华的内容。我从没发现他们会听不懂我的话。”

这位伟人的传记作家证实，林肯一直努力地与听众建立联系，他不是对着听众演讲，而是与听众对话。事实上，大多数听众并不是不友好，只是无动于衷，他们以前已经听够了大量毫无意义的演讲，所以只有在极少数情况下，听众才会像作者曾经认识的某位热血青年一样，坦率地发表意见。

一位沉闷的演讲者在星期日学校进行单调无聊的演讲时，一位小伙子对督学说：“哼，我们还是一起唱第三十六章吧！”这倒是这位演讲者应得的待遇。他应该事先研究好听众，做好准备。相比之下，伯里克利（Pericles）就十分尊重他的听众，演讲前，他会向上帝祷告，发誓不会说出听众接受不了或不符合现场情况的言辞。有一次，有人听到他在自言自语：“记着，伯里克利，你即将演讲的对象是生活在自由怀抱里的希腊人、雅典人。”

常识性的预测能够起到很大作用，但当演讲者站上讲台后，往往还需要一点机智。麦考利（Macaulay）说：“有一种机智类似本能，伟大的演讲家和哲学家常常缺乏这种本能。”这番评论十分严格。毫无疑问，集合在一起的人们拥有着不同的生活经验，加上演讲者缺乏机智的辅助，要听众们一致认定某位演讲者能力卓越是件困难的事。如果演讲者动用了自己的机智，却依然无法救场，那么，演讲者就会感到尴尬，以致无地自容。或许，他会下定决心，绝不“触及听众的痛处”，但有些时候，一些意外也会使精心准备的计划前功尽弃。

内战期间，比彻在利物浦使用高超的技艺和策略来应对吵闹的听众。许多赞同独立的听众当中产生了骚乱，以至于他的演讲难以继续。看看在这番紧急情况下，他是这样介绍自己的：

“现在，从个人角度而言，今晚无论我是否做演讲，都不会对结果产生影响（笑声和欢呼声）。但是，有件事是必然的，今晚，如果你们允许我发言，你们将听到真心话（掌声和嘘声）。你们将发现，有一个人——（被打断）——你们将发现，我不是一个敢于对 3000 英里之外的大不列颠发声的人，我也不是一个站在大不列颠的海岸边，还敢于向大不列颠发声的人（热烈的掌声和巨大的嘘声）。如果我没有理解错英国人的论调和脾气，他们宁愿要一个果断的反对者——（大厅四面八方爆发出掌声）——也不想要一个怯懦的告发者（掌声和叫好声）。现在，如果我能够以坚定的信念感动你们，我将感到无比开心（掌声）。但是，如果事实和强有力的论证依旧无法打动你们，我也并不希望你们与我站在同一阵线，我所祈求的仅仅是公平竞争。”（掌声，声音：“你应该拥有它！”）

内森·谢泼德（Nathan Sheppard）以警句式的风格说道：“对苏格兰听众发表演讲总是令人愉快的，他们永远听得懂你的内容。如果你有重点，他们会明白，如果你毫无重点，他们也能明白。”在辨识能力上，苏格兰听众并非孤例。美国听众对于一个好观点总能报以热烈回应，虽然他们未必能毫无保留地表现出自己的心满意足，对于欺骗、哄骗或不够坦诚的演讲者，他们总是能够很快地进行驳斥，并会明显地失去耐心。

菲尔普斯（Phelps）教授同意麦考利关于伟大演讲者缺乏机智的言论。帕特里克·亨利（Patrick Henry）曾经想要赢得弗吉尼亚州林区居民的支持，于是，他模仿口语化的当地方言说：“后天学习无法和与生俱来的天分相比。”但是，精明的听众知道，演讲者的知识要丰富得多，于是，便开始对演讲者的诋毁表示愤愤不平。

在演讲中融入幽默可以说是最好的展示机智的方式了。机智是一种敏锐的能力，就好像一柄长剑，有时候甚至能深深地刺入听众的心脏，而幽默则是一种善良的品质，它并不伤人。演讲者灵机一动，找到两种观点之间令人意想不到的联系，即可谓机智，而幽默则是用不协调的方式使互不相关的事物之间产生联系。道格拉斯·杰罗尔德（Douglass Jerrold）将一位陌生人误认为是一位朋友，于是轻拍了拍对方的肩膀，当对方露出不悦的神色时，他机智地说：“抱歉，我以为我们认识——我很高兴自己并不认识你。”一位南方的演讲家把与清教徒女孩共度一夜的愉快之情形容为大冬天坐在一块冰上，齿缝间的冰块都“噼里啪啦”地开裂了。

机智的回答或简短而幽默的说明能够帮助演讲者度过最尴尬的时刻，从而避免演讲的彻底失败。

极度缺乏机智的人能否习得机智，这和本文没有什么太密切的关系。但是，由于机智的重要特征是思维转换和沉着冷静，因而它当然能通过观察和体验来加强。

第二十课 积极面对你的听众

高效的公共演讲者会对听众报以百倍的反馈。

——格拉德斯通（Gladstone）

据有丰富经验的公共演讲者称，在面对听众时，他没有一次不感到慌张。这种情绪即为舞台恐惧。

一、演讲之前

这段时间很关键，建议使用一些方法来放松思维和身体，除了本书第十五课第二部分提到的方法之外，还有一个忠告：保持自信。如果你事先做好了充分扎实的准备，那么，你对于演讲主题的了解将比任何一位听众都多。如果发表演讲是出于某份责任感，那么，就继续履行这份责任吧；如果演讲的部分或全部内容都将借助记忆（这意味着把一件事完全托付给记忆），你就不应该始终绷紧你的神经。请激发所有的意志力，尽最大努力让自己保持自信吧！之所以这样建议，是因为你已事先做好了准备，并总结了过往经验，而听众也具备良好的理解力和自控力，所以，你有理由充满自信。这并非毫无根据的推测，仅是为了让你在上台之前，再三地告诉自己要保持镇静罢了，这就好像去看牙科医生之前的心理准备一样。

二、演讲开始

面对一位坚定且自信的演讲者，听众愿意交付自己的一切。即使你因为害怕而双腿打冷战，你的牙齿情不自禁地“打退堂鼓”，你都必须假装自己无惧一切。为了达到这个目标，没有什么比来个稳定的深呼吸更有效了，再用坚定的眼神看一看“令人畏惧”的听众，悄悄地攥紧拳头，不要让人察觉。但是，不要惧怕你的听众，他们是希望你能成功的，有胆识的人总能获得他们的尊敬。听众是公平的，知道你正在“以一挡千”。在这种情形下，听众听完演讲后，通常会忘记演讲者在演讲前的状态。此外，如果有那么一刻，你感觉自己表现得糟糕透了，那观众肯定就不会买你的账。请真诚地、意味深长地直视你的观众，如果人们不是想看见演讲者双眼焕发出的动人光芒，就不会有那么多人要求演讲者不要戴着大帽子了。在演讲时，盯着墙壁或天花板的习惯将削弱演讲者的影响力。米拉波（Mirabeau）就曾全神贯注地盯着听众看，这个举动震慑住了听众，让他们正襟危坐。虽然米拉波的演讲内容并不符合听众的诉求，但听众也不敢反对他那汹涌的雄辩洪流。

如果你无法保持冷静，就需要控制好自己。听众并没有疯狂地绕着你转动，他们只是黑暗座席中普通的光点，演讲台也不是枷锁，尼亚加拉瀑布并没有向你袭来。不！用意志力击倒这些幻象吧！没有实际经历的人是无法想象出舞台上的那种恐惧感受的，但是，如果不去克服这种恐惧，也就不可能认识到人类意志的力量。

前一章已对演讲开场的本质进行了叙述，对于演讲者来说，很有必要牢牢地记住开场词，做到就算屋顶塌了也能倒背如流的程度。以温和的声调、适中的语调开场，不要从一开始就显得暴躁。在接下来的五分钟内，你就得火力全开了。在开场方面，列夫柴尔德（Leifchild）博士的方法很有效：

低声开场，（Begin low）

缓慢进展，（Go on slow）

语调升高，（Rise higher）

火力全开。（And take fire）

亨利·嘉坦（Henry Grattan）的经验与第二句有关，他“演讲时始终充满激情，常常忘我地挥动肢体，在他的右手边不远处坐着的听众都处于‘危险范围’内”。

三、演讲过程

必须学会控制过度充沛的情感，而不是只强制堵塞情绪发泄的通道。无论是害怕得腿软，还是大声咆哮，对于观众而言，都是不礼貌的表现。但是，在两者之中，咆哮的冒犯程度更低一些。意志的核心力量在于控制情绪，并在必要的时刻让情绪迸发。在这里，我们没有必要讨论培养情绪这种心理学问题，也不需要研究演讲者表现情绪的技巧，你只需知道，在讲台上，你要唤醒死气沉沉的自己并全神贯注于演讲主题；或根据此前聚精会神思考过的内容，投入自己的情感，在颤抖和暴怒间切换自如。现在，当你在阅读这本书时，如果你愿意的话，可以尝一尝舌尖的酸味，感受一下左肩胛骨或喉咙的瘙痒（指尝试大声咆哮和挥舞肢体）。

为了达成演讲目的而表现出的激情是可以培养的。一些人冷笑着说这是人造的，另一些人则抱怨这是耍花招！“陈旧的愤怒，过期的热情！”西德尼·史密斯（Sidney Smith）讽刺道。这些看法都是错误的，培养出的激情依然是一种实实在在的真挚感情，是一种合理的存在，它让肢体回归了其最根本的功能：灵魂工具，对灵魂的情绪和紧张感受做出回应。“能够自我控制，管理激情、欲望、恐惧的人，比国王还要强大。”而这就是演讲家。

你不会想用尖利的、毫无起伏的声调来安慰一位丧失亲人的朋友，即使当时的你正感觉头疼或心事重重，你也会刻意吐露出带有深刻同情心的词汇。这不是伪善，而是普遍的礼仪。因此，在演讲时，你必须时刻考虑到自己的态度，这样一来，在必要的时候，你就可以随时调动起自己的情绪。记住自己说过的话，如果你认真地做足了准备，而且保持自信，你就可以做到这一点。演讲过程中，将激发情绪看作是需要自己完成的一项任务，保持这个想法，情绪就能够成为演讲的助力。

永远不要以为成功的演讲是源自偶然。当然，表达本身能成为演讲者的激励因素，使演讲者达到忘我的境界，从而产生排山倒海般的力量，这股力量不仅能令人感到惊喜万分，也能使听众心服口服。但是，如果演讲者未能调动——注意，这里说的是“调动”身体、思维和精神的力量，那么，就无法达到雄辩的效果。这里有一个爱尔兰青年演讲家希尔（Shiel）的故事，当时，他在众议院回答威灵顿公爵（Duke of Wellington）的问题，后者认为，爱尔兰人在种族、血统、宗教上属于异族，“他们的口音存在于头发、眼睛、手臂、肢体之中”。希尔情绪十分高昂，肢体的动作汇聚成一句句穿透人心的句子，蕴含着蔑视和愤怒。[①]

演讲者的事迹中，不乏这样的例子：演讲者尽最大可能动用肢体天赋，尽管许多人有身体残疾、声音尖利、口齿不清或行动迟缓的问题，但他们仅凭意志力就获得了成功。

你该如何攥紧一只手，做出握拳的姿势——既要显得毫无杀伤力，又不会伤到孩子？你是否会调动所有肌肉组织，将力量汇聚到拳头？谈到意志力时，你是如何咬紧牙关的？当极力主张自己的观点时，你的眼神是否会飘忽不定或充满血丝？直接呼吁时，你的声音是稳定的还是结巴的？自然、放松、多变、灵活、迅捷，这些都是活力四射的肢体的表现方式，也是演讲者对自己内心的回应。

肢体表达有助于演讲者表现出认真的演讲态度。你的观点阐述是否需要进行口语化的通俗表达，是否需要面向听众发出呼吁，是否需要情绪高涨地呼唤尊严或是狂热地表达激情，这些都取决于你的表达方式。你是否和亨利·艾尔文（Henry Irving）以及其他人一样，曾经遭遇过冒犯性的言论和举动？用思想和意志组织语言。不要抛弃意志这个好朋友，不要忽视意志的力量，让它成为你的帮手。

《哈姆雷特》给予演员的表达建议十分富于智慧，对于公共演讲者来说，没有比它更好的建议了。

“不要老是把你的手悬在空中这么挥动，一切动作都要温和，就算是在洪水暴风一样的感情迸发中，你也必须得有节制，以免

---

① 引自《公共演讲和辩论》（Public Speaking and Debate）。

表现过火。啊！我很不愿意听见一个披着满头假发的家伙在台上乱嚷乱叫，把一段感情片片撕碎，让那些只爱热闹的低级观众听了出神，[①]他们中的大部分除了会欣赏一些莫名其妙的手势以外，什么都不懂。我恨不得把这种家伙抓起来抽一顿鞭子，就算是凶暴的希律王也要对他们甘拜下风，请你留心避免才好。"

"但是也不能太平淡，要听从自己内心的召唤：让动作和演讲词相适应，并恰如其分地表现出演讲词的内涵。认识到这一点后，任何过度的表演都不过是在玩耍。表演如果太滞后或太超前，虽然可以博得外行观众一笑，但内行人却会紧皱眉头；你必须看重这些内行人的批评意见。这些意见远胜过满场观众盲目的叫好称赞。对了，我曾经看过一些伶人的表演，也听到有人极口赞叹。实话说，看着他们在台子上大摇大摆，大声叫喊，模仿别人，实在是令人生厌。"[②]

四、演讲结束

第十一课第四部分提到了一些理论和事例，它们在这儿将派上用场。结束语必须是恰当的。如果人们用"与众不同的本·乔森（Ben Jonson）"来形容你，"每一个听到他的名字的人都很害怕，唯恐演讲结束"，这其实是在说反话。只有极少数演讲者能够明白，演讲的长度并不等于深度。在准备滔滔不绝之前停止，好过在结束之后继续。我们都听说过有演讲者曾身处一种类似的窘境：一

① 第一层的听众。

② 引自《哈姆雷特》第3幕，第2场。

位小伙子不明智地抓住了狗的尾巴，他不知道松手后会有什么后果，于是他叫来自己的同伴："有没有人过来帮帮忙，让我解脱！"

在这种困境中，非常规的判断力将是最好的解决之道。

在评论家马修·阿诺德（Matthew Arnold）的眼里，从诸多方面来看，他自己都有资格被定义为现代希腊人，他曾经强调过古希腊思想中"团结效应"的重要性。他抱怨说，许多作家过度沉溺于把句子、修辞手段以及各个理念都推敲得完美无缺，却往往没怎么考虑如何严谨地呈现出某个单一主题的全貌。这个道理也适用于演讲者。如果你努力表达了最终却依然走向了失败，那么请在听众面前清晰地呈现出你的思维轨迹，并用总结和说教给听众留下一个紧凑的结尾。

第二十一课 给你的关于演讲的格言

做真实的自己。

——《哈姆雷特》第 3 幕第 1 场，莎士比亚

用最简单的话开场，让最谦卑的听众都能够理解你的话。

温斯顿·丘吉尔（Winston Churchill）在《危机》（The Crisis）中提到："开诚布公的重要性，如何高估也不为过。任何想法，无论有多深奥，都可以写入演讲词中，让小男孩或是知识水平不高的人都能听懂。"

表达清晰，尽量说有意义的内容，发言时的态度要认真，演讲要简短。

教皇在《论批评》中如此描述他的导师："最终极和最伟大的艺术，就是瞬间冲击。"

如果你还不确定某种观点的思路是清晰的，那就把它写下来，对着别人读出来。

如果你有能力说服听众，那么就让他们同意你对问题的看法。

不要在思维的高速公路上忘我地追逐前方的那只蝴蝶，即使那蝴蝶美得醉人。

麦考利认为伯克（Burke）"几乎总在被听众抛弃之前率先抛弃了自己的主题"。

比彻说："真相是雄辩的秘诀。"

如果你想要提升口才，就需要研究听众的口味。

朱丽叶："谁的舌头上只要说出了罗密欧的名字，他就在吐露着天上的仙音。"（《罗密欧与朱丽叶》，第二幕，第三场。）

不要被掌声影响，掌声是"能者的动力，弱者的目的"。

当听众感到尴尬时，不要惊慌失措。

提修斯（Theseus）自信地说："最后常常戛然而止，没说出一句欢迎辞。"（《仲夏夜之梦》，第五幕，第一场。）

当你的演讲主题是煽情的，就别用理智主题的方法，尝试使用不同的方法来实现煽情的目的。

不要煽动情绪，无论是对你还是对你的观众，你都很难去掌控情绪的发展方向。

不要混淆演讲的低潮和观众的悲怆。

笔直地站立，抓紧头发（原文 scalp lock：印第安人故意留在头皮上向敌人挑战的一撮头发），把它捋顺，调整好表情。

不要低头，不要仿佛脖子上挂着铰链一样。

望着手指指向的方位，但不是为了强调某个重点。

在话语临近结束时，不要让自己的声音模糊不清。

内森·谢泼德（Nathan Sheppard）出于保养嗓子的目的而给出了这条建议："如果你在夜里醒来，发现自己的嘴张着，那就起床，把嘴合上。"

不要标新立异。

卡莱尔（Carlyle）在《牧师英雄》（The Hero as a Priest）中说："原创的美德不在于创新，而在于真诚。"

不要完全暴露演讲的骨骼架构，给它穿上外衣，使它有血有肉，这样，当有根针戳破它时，它就会流血。

不要认为天赋能够弥补习惯性的准备不足。

弥尔顿（Milton）在32岁时就开始对失乐园（Para dise Lost）进行构思，此后，他一直准备了20年，直到胸有成竹，才开始动笔。

在《夏日赞美诗》（A Summer Hymnal）中，约翰·特罗特伍德·摩尔（John Trotwood Moore）说："如果脑力工作者可以像奶牛一样工作——在户外四处走动，搜集材料，在休息的时候消化材料——他们将获得更多的智慧。"

不要放纵自己沉湎于即兴演讲。

洛威尔(Lowell)著的《比格洛诗稿》中的一位主人公这么说道："我做出了如下的即兴演讲，就像其他那些缺乏耐心的人一样。"

不要一直等到站上讲台才开始挖空心思寻找思路。这对于听众来说，是件痛苦的事。

有了新想法后，不要立刻动笔，继续思考下去。

托马斯·温特沃斯·希金森（Thomas Wentworth Higginson）对演讲者建议："针对每个主题准备一个好的事例。"

该道歉时就道歉，不要害怕。

别让你的言辞盖过你的观点，不要让个性抢了主题的风头。

附 录

凭借必胜的决心，我在议会无往不胜。

——切斯特菲尔德勋爵（Lord Chesterfield）

额头的汗，到大脑中的汗，到心脏里的汗，再到被所有人称之为神圣的“血液中的汗”。噢，我的兄弟，这是这个世界上能发现的最高尚的事了。

——托马斯·卡莱尔（Thomas Carlyle）

我活得越久，就越加确信人与人之间存在的巨大差异——强者和弱者之间，伟人和凡人之间——最大区别在于精力、不可战胜的决心、确定的目标，然后，“要么死亡，要么胜利！”这些品质使人无所不能，如果缺乏这些品质，即使有了天分、环境、机遇，都无法铸就拥有双腿的物种——人。

——福韦尔·巴克斯顿爵士（Sir Fowell Buxton）

演讲模式研究

在演讲理论中，任何有价值的内容都来源于成功演讲者的生活、个性和方式。因此，检验一场演讲是否成功的方式，就是看这场演讲能否吸引并留住观众。对于演讲者来说，应该确定伟大的演讲者通过什么方式克服困难并赢得了“听众的掌声”，而不是去编造一个“理想演讲者”所具有的虚幻特征。演讲者需要给自己列出的问题很简单，即使这个问题并不容易回答：从伟大演讲者的实践经验中，我可以学习到哪些知识，并将其应用到自己的演讲中？

建议采用分析法作为研究方法。在分析演讲模式时，应关注如下问题：

1. 个人情况

（1）天赋才能和自然缺陷。

（2）演讲者在生活中遇到的哪些情况使他成为一名伟大的演讲者。

2. 演讲

（1）演讲场合。

（2）演讲主题。

（3）演讲总体风格。

（4）逻辑结构。

（5）修辞结构。

（6）与其他演讲者的比较。

为了有助于研究演讲模式，作者特意编写了附录 A 和附录 B。对于学生来说，分析那些著名演讲的篇章结构有很多好处，尤其能够帮助学生构建自己的演讲框架。附录 A 中的提纲[①] 可以作为范例，或用于分析其他建设性的工作。这里需要注意本文的第九课、第十课和第十一课。

范例中相关的演讲者的个人资料，作者并未收入本书，因为在任何一本完备的百科全书中，读者都可以找到这些内容；附录 B 列举了许多篇伟大的演讲，这些演讲主题风格多样，作者均是著名演讲者。在大多数情况下，演讲篇幅被精简了，只留下那些最能体现演讲者个性、最值得研读的部分。这些部分也有可能被用于公共场合的朗诵。

① 关于简介和提纲的完整讨论，可查看《论证的原则》（Principles of Argumentation）。

附录 A：演讲提纲

伯里克利在阵亡将士葬礼上的演说①

（公元前 430 年）

一、介绍。

言语无法表达对勇士的赞美。

二、雅典人的伟大之源。

1. 崇高的先辈以行动带给雅典人自由和力量。

2. 雅典政府令人推崇的组织形式。

3. 优雅的生活。

4. 战争优势。

5. 公民的公共精神。

6. 简而言之：雅典是赫拉斯（Hellas）（即：灿烂辉煌的古希腊文明）之母。

三、陨落的英雄悼词。

1. 赞扬雅典人做出的牺牲。

2. “死亡是他们美德的最终印章，确保他们免于一切命运的跌宕。”

---

① 这篇演讲由希腊历史家修昔底德（Thucydides）发表，意在纪念伯罗奔尼撒战争（Peloponnesian War）第一年牺牲的雅典英雄。

3. 对他们的赞美扩展至整个星球，雅典人将他们树立为榜样，并将此作为珍贵的遗产。

四、对家人的慰问。

1. 父母。

2. 儿子、兄弟和寡妇。

五、结论。

“雅典人为她的子民加冕”；体面地埋葬“雅典人”，“以公众开支”抚养他们的孩子。

埃斯吉尼对泰西凡的演讲

（公元前 331 年）

一、介绍。

国家内部存在派系斗争；派系斗争催生了非法程序；必须停止派系斗争。

二、泰西凡对德摩斯梯尼(Demosthenes)采取的程序是非法的。

1. 在行政人员的供述被认可前，法律禁止地方法官入职。

2. 德摩斯梯尼花费自己的钱财用于公众服务这一事实并不会使他免除法律制裁。

3. 泰西凡建议授予德摩斯梯尼金冠作为表彰，此时，德摩斯梯尼已经有了两间办公室。

4. 泰西凡建议在一个非官方认可的场合加冕。

三、德摩斯梯尼并不值得获得这项荣誉，因为：

1. 他的个人性格。

2. 他的公共性格。

四、授予公共荣誉时，应有更加严格的标准。

五、埃斯吉尼将自己与德摩斯梯尼相比。

六、他再次强调法令的非法性以及德摩斯梯尼不具有资格。

七、他提醒法官，勿受德摩斯梯尼的雄辩术以及与德摩斯梯尼之间的友谊的影响。

八、结论。

德摩斯梯尼对表彰的演讲①

（公元前 330 年）

一、介绍。

1. 德摩斯梯尼向上帝呼吁。

2. 他坚持自己拥有遵守防御命令的权利（埃斯吉尼反对防御）。

二、他驳斥与起诉内容无关的指控。

1. 他拒绝考虑针对私人生活的指控，但是允许熟悉他的法官判断这些指控的真实性。

2. 他否认针对公众生活的（无关）指控，提出了其中明显的错误和恶意攻击。

① 埃斯吉尼反对泰西凡表彰德摩斯梯尼。这篇演讲是德摩斯梯尼针对他的指控所做的回应。

三、他驳斥起诉书中的指控。

1. 他回顾了自己的公共生活和方式。（在 9 位法官面前，他讨论了与马其顿的腓力（Philip of Macedon）之间的关系，这个过程中，德摩斯梯尼敦促雅典人采取其他制裁方式。）

2. 他维护泰西凡表彰自己的合法性。

（1）他对于自己的论述不负责任。

（2）埃斯吉尼承认这一点。

（3）这个场所依照法律规定命名。

四、他将埃斯吉尼的性格和政策与自己的相比。

1. 埃斯吉尼的性格。

2. 埃斯吉尼的政策。

3. 德摩斯梯尼的政策。

4. 自己和埃斯吉尼的进一步比较。

5. 他对埃斯吉尼的警告和德摩斯梯尼的研究的回应。

6. 受封的最终原因。

（1）因为他从未收受贿赂。

（2）因为他的政策。

（3）因为他的爱国主义。

五、结论。

大卫·休谟（David Hume）这么评价德摩斯梯尼：

“他的风格能够精确迅速地调整到最和谐的状态；极具理性，不含艺术修饰；蔑视、愤怒、魄力、自由都融入了持续的论证之中，在人类的所有创作之中，德摩斯梯尼的演讲向我们展示了最接近完美的模式。”

华盛顿对民族的贡献[①]

一、他的杰出个性。

1. 为国家构成奠定基石。

（1）军队中的幸存者。

（2）商人和债权人阶层。

2. 当代政治家。

（1）汉密尔顿（Hamilton）。

（2）杰弗逊（Jefferson）。

二、他的政治才能激发了民族精神。

1. 平息激烈的政治派系斗争。

（1）内阁中。

（2）英国和法国政党之间。

2. 中立的外交政策。

（1）英国与法国的争端。

（2）赞同《杰伊条约》（Jay's Treaty）。

3. 激发国民对国内政策的尊重。

（1）尊重政府的新组成形式。

（2）尊重政府信用和法律。

4. 他对联盟的贡献。

---

① 摘自《创作－修辞》（Composition-Rhetoric），斯考特和丹尼（Scott and Denney）。

应限制外来移民[1]

（注意原因和影响的多元性。）

一、作为原因的事实：许多移民是贫民和乞丐。（列举一段证据，提及关于该论点的权威数据或权威信息。）

二、作为影响的事实：他们将住满我们的养老院，成为公共财政负担。（一段证据，包括权威数据和信息。）

三、作为原因的事实：其中一部分人是罪犯。（一段证据。）

四、作为影响的事实：他们壮大了犯罪阶层。（一段证据。）

五、作为原因的事实：许多人不了解自由公民的职责。（一段证据。）

六、作为影响的事实：这些移民会成为我们的政治中最糟糕的部分。（一段证据。）

铁路有益于社会大众

一、它们促进了物质的繁荣：

1. 促进了商业繁荣。

（1）促进了交换。

（2）有助于劳动力流动。

2. 推动社会客观条件的繁荣。

---

① 摘自《创作－修辞》（Composition–Rhetoric），斯考特和丹尼（Scott and Denney）。

（1）提高了生活标准。

（2）使贫穷者能够获得体力劳动。

（3）不大可能发生战争。

二、促进了社会繁荣：

1. 提高了知识水平。

（1）他们可以读书。

（2）有时间阅读。

（3）鼓励旅行。

2. 提高了道德水平。

（1）有助于逮捕罪犯。

（2）开阔了人们的眼界。

注意力

一、介绍。

注意力是任何伟大演者讲都不可或缺的品质。

二、下定义并阐释说明。

1. 从普通人的视角。

2. 从伟人的视角。

三、与心智的关系。

1. 理性。

2. 意志。

3. 想象力。

4. 记忆力。

四、注意力可以培养。

1. 非自愿性的注意力。

2. 自愿性的注意力。

五、结论。

不集中注意力和集中注意力的不同结果。

挪威人北美大冒险[①]

一、挪威中世纪历史学家称，约公元1000年，一些挪威水手在格陵兰岛西南部发现了一片大陆，取名为瓦恩兰（Vineland）。这段叙述具有真实性，因为：

1. 这是既定史实，不是虚构小说。如果这段叙述是想象出来的，那么，叙述者很可能还会想象这块陆地上住着龙、独角兽和类似的形象；然而，作者从始至终都在叙述客观存在的物体和事件，这表明，那些都是作者亲眼所见，而非想象出来的。

2. 许多挪威历史书本中都记录了距今900年前发生的相关事件，或直接记录了这些事件。

二、北欧人发现北美海岸并非偶然，因为：

1. 他们具有四处漂泊的性格，他们当中有着记忆精湛的海员，他们还拥有足以开展长期旅行的船只，证据包括：

---

① 推理部分摘录自《发现美洲》（Discovery of America），费斯克（Fiske），第1卷；介绍部分摘录自《修辞学和英语写作元素》（Elements of Rhetoric and English Composition），卡朋特（Carpenter）。

（1）他们曾经抵达了君士坦丁堡和白海（White Sea）等。

（2）他们曾定居冰岛。

（3）他们在格陵兰岛定居，并探索了巴芬湾（Baffin Bay）。

2. 格陵兰岛的定居者有探索和访问新海岸地区的动力，这种动力可以归结为两点：

（1）木材，格陵兰岛和冰岛缺乏木材，当地人需要木材用以造船；

（2）可以与当地人以物易物。

3. 由于临近北美东北海岸，船只可以借助东北风和洋流轻易地从附近的格陵兰岛抵达这些地区。

三、根据对瓦恩兰的描述，能够明确地得知，该地区指的是北美沿岸，因为：

1. 瓦恩兰位于格陵兰岛西南。

2. 对海岸、植物、动物和居民的描述都只能指向美洲海岸，描述包括：

（1）日照时间较短。

（2）玉米。

（3）葡萄。

（4）对当地居民的描述与印第安人完全一致。

四、结论。

我们可以确信挪威人发现了美洲。

如何实现繁荣

国家繁荣的时机已经成熟——1897 年，小麦丰收——农民丰收的重要性——美西战争促进了新的繁荣——巧合情况——黄金产量的增加及其影响——美国黄金储量和欧洲的对比——人均流通率显著上升——与其他大国相比——思考和总结。

城市国家

一、过去的二十五年内，美国城市快速发展。原因是：

1. 实现了农业的科学化、机械化。许多人从农场劳作中解放出来，因为：

（1）对农产品的需求存在天然的最高限度。

（2）如果所有的工人依然干着老本行，工人工资将低于基本生活标准，能够承担更大工作量的劳动力会减少。

（3）许多人只能等到收割季时，到农场去找工作。

2. 制造业当中机械化取代人力，吸引许多工人来到大城市。

（1）体力劳动的负担减轻。

（2）女人和孩子可以找到工作。

（3）相较于单纯的体力活，无技能的工人能够赚得更多。

3. 铁路使得前往城市更加便捷。

（1）对于求职者。

（2）对于买家。

（3）对于生产者和销售者。

4. 城市生活对于国人有很大吸引力，城市还为人们提供了上升机会。

二、惊人的发展带来了严峻的问题。

（本段在简要叙述之后，必须要针对各类问题展开讨论。）

1. 当问题发生时，我们的国家已经展示出了强大的解决问题的能力。

2. 我们可以自信地期待，宗教、经济、政治问题都可以如愿以偿地得到解决。

美国是一个基督教国家

一、介绍：为什么讨论这个问题是及时的。与该立场相反的影响因素。

二、思考基督教主宰早期美洲历史的史实。

1. 首先，美洲是由信仰基督教的探险者发现的。在新土地上，哥伦布信仰上帝。

2. 胡格诺派教徒。

3. 骑士。

4. 清教徒。

三、国家是在基督教徒的支持之下建立的。

1. 基督徒华盛顿的个性。

2. 其他的基督教爱国者。

四、之后的历史进一步坐实了这些事实。

五、我们的政权组织形式和许多法律都具有基督教特点。

1. 公共场合使用《圣经》。

2. 公立学校使用《圣经》。

3. 我们的立法机构、军队和海军的负责人是基督教牧师。

4. 基督教洗礼受到官方正式认可，并被大众接受。

5. 基督教家庭和基督教道德体系是我们的法律基础。

六、人们的生活证明了基督教的力量。

七、其他国家视我们为基督教民族。

八、结论：面对问题时，期望每一位合格公民能够表现出的态度，突出了我们作为基督教国家的身份认同。

人与金钱

金钱不能使人完整——不是人人都赞同这句话——人是无价的，也是持续被需要的对象——只有人才可以承担某些职位——人常常受到金钱的考验——举例——对于赚钱，许多人抱有错误的想法——人与赚钱并非无法调和——金钱会失效，但人绝对不会——生活的各个方面都在迫切呼唤：人！

罗德的逃跑[①]

一、警告，“快逃命吧”。

---

① 引自《创世纪》第十九章，第十七节。

二、告诫，“不要往后看”。

三、劝诫，“往山上逃”。

受祝福的悖论：我的轭是柔和的，我的担子是轻松的[①]

一、爱的奉献。

二、协助服务。

三、在神的道路上奉献。

四、给予希望。

福音的力量

一、它是一种教导的力量。

它将关键问题的答案告诉个人，启迪整个世界。

二、它是改革性力量。

在所有的传道地点，它改变了思维方式、政府组织方式和人们的生活方式。

三、它是变革性力量。

它将人心从一口邪恶之井改造为一汪甘甜纯净的喷泉。

四、它是净化人心的力量。

它启迪人心，破除了迷信、谎言和邪恶。

五、它是使人顺从的力量。

它以信徒顺从于耶稣为最终目的。

---

① 引自《马太福音》第十一章，第 30 节。

附录 B：分析和雄辩的演讲范例

以下大多数模型都以简要的分析作为开篇，目的是指出思考的总体框架结构。然而，提纲在任何情况下都可以视为完备的，因此多一分钟的分析都毫无价值。的确，两个学生不可能对同一篇演讲有着完全相同的分析方式。有些演讲是完全脱离提纲的。

《美国理想》

丹尼尔·韦伯斯特（Daniel Webster）（1782-1852）

[以下节选的段落来源于 1825 年 6 月 17 日发表的一篇演说，该演说是为了纪念邦克山战役（Battle of Bunker Hill）爆发 5 周年。这个时刻为这场纪念奠定了基石。演说的大部分内容在此都通过提纲列出：①美国革命的显著特质。②演讲者和听众所处的先进文明时代。③为死于邦克山战役的爱国者所做的公开悼词。④与 50 年前相比，发生了翻天覆地的变化。]

我们集合在此，纪念这片大陆历史上曾发生过的伟大事件，美国革命既是现代壮举，也是世界的奇迹和上帝的赐福。在一个享受繁荣和幸福的时代，在一个国家享有至高荣誉、出类拔萃和强大实力的时代，我们相聚在此，只因对国家的热爱，对高尚人格的尊崇，对杰出贡献和爱国事业的共同景仰……

我们生活在最不平凡的时代。发生的事件如此多彩，如此重要，足以填满好几个世纪，并使这些世纪与众不同，这些事件全部凝聚在我们所处的这个时代，浓缩在我们短暂的一生里。自1775年6月17日起，以年为单位，历史需要记录的事件不胜枚举，有多少能和这一天发生的相比？若在其他情况下，我们的革命或许将持续半个世纪，然而，它成功了；24个拥有主权的独立州由此建立；在各州以上设立联邦政府，如此安全、如此明智、如此自由、如此务实，我们甚至难以想象，这一切在如此短的时间内完成，更难以想象，我们已经完成了这一切。

现在，我们站在此地，享受周遭环境赐予的福佑，我们展望全世界的光明前景，我们依旧拥有那些曾活跃在1775年场景中的积极分子，他们正在这里，他们来自英格兰各地，在这样一个感染人心，我几乎想脱口而出的——无法抗拒的场合，我想说，他们再一次到访这个因他们的勇气和爱国主义而著名的地方。

值得尊敬的先生们！你们从上一个年代向我们走来。天堂慷慨地延续了你们的生命，或许你们正在目睹着如今的欢乐时光。此时，你们站在50年前曾站立的地点，此刻，与你的兄弟邻居，肩并肩地为你的国家而奋斗。看吧，世事变迁！同样的天堂就在你的上方；同样的大海在脚下铺展；但是，其他的一切，变化如此巨大！现在，你不再听见敌人的炮火声；你不再看到燃烧着的查尔斯镇（Charlestown）弥散出的浓烟与火焰的混合气体。地面不再遍布尸体和奄奄一息的人；不再有战士激动地冲锋陷阵；不再有持续不断的成功反击；不再有针对接连袭击的大声疾呼；不再有人号召众人坚持抵抗；不再有无数的人坦坦荡荡、无所畏惧、毫不犹豫地冲锋向前。或许前方就是战争和死亡，你们目睹了这一切，但也将不再遇见。现在，我们只有和平。远处的大都市，你们所见的塔楼和屋顶，那里住着充满焦虑和恐惧的妻子、孩子和乡民，面对战争，他们的心情难以言表，如今，他们是幸福的人群，他们以全民狂欢的方式欢迎你们、问候你们。远处骄傲的船只安然地落脚在这座山脚下，看似温情地围绕着它，这个情景并非为了激怒你们，它是我们国家的独特之处，也是一种防御手段。所有一切都与和平相关：上帝向你们保证国家安宁，愿你们安息。上帝允许你们目睹并分享爱国行动的硕果；上帝允许我们、你的孩子们、乡民们来此见你，以当代人的名义、以国家的名义、以自由的民意，向你们致谢！

贫苦人家的孩子

西奥多•帕克（Theodore Parker）（1810-1860）

[本段描述摘录自波士顿的公共演讲。它包含三个部分：①描述贫穷的流浪者。②博得同情。③要求进行监狱改革。]

如果你了解波士顿的贫苦麻风病人的生活，你或许会震惊，然后啜泣。我将讲述其中任意一位的遭遇。他生于不幸和贫乏，不受人欢迎。他的诞生只是加剧了他的不幸和贫乏。悲惨的他挣扎着度过童年，他得到的照料甚至比一头幼兽还少。他只有破布裹身，长期累积下的污秽令那块破布肮脏不堪。他在你们的大街上游荡，渺小得甚至找不到工作。现在，他正啃着从阴沟里捡来、已经腐烂了一半的水果，那是别人丢弃不要的，他已顾不上这些；他从来没上过学，对他来说，字母表是个谜团。从年龄上看，他尚且年幼，从悲惨境遇上看，他早已饱经沧桑。从他的脸上看不出任何希望。他与其他同病相怜的同伴一起，渺小卑微、衣衫褴褛、饥不果腹、四处闲逛。他就是祸不单行的最佳范本。晚上，灾祸也跟着他回家；他与其他人群居在地下室；那里还有他的父亲、母亲、兄弟、姐妹，以及其他类似的家庭。白天他所穿的衣服，就是夜里的床单。

是的，这个男孩偷了一些微不足道的东西，一块饼干、一小节绳子或商店橱窗边上的小刀。他被抓进了监狱。审判日来临了。他戴着手铐，和醉汉、小偷一起走过大街，大自然给予这位被抛弃之人所剩无几的渺小自尊继续被践踏着。他像一头野兽一样，被禁锢着，坐在那儿；这可是一个男孩，却戴着铁链！别人戏弄和嘲讽他，就像公共下水道一样粗俗。对他的审判开始了。当然，他被判有罪。他的表情对自己很不利。他的衣衫褴褛、脏污不堪，他的无知愚昧、流浪陋习， 他的无所事事，都成了他的罪状。那张脸如此年轻，如此鲁莽，如此狡诈，年幼萌生的罪恶显而易见。陪审团很快被说服，他们认为，他的脾气就像他的外表，他们确信在这样的情况下，一个人肯定会偷窃，是的，换做他们自己都会选择偷窃。法官宣读法律，实际上表明，弱小和贫穷就是男孩犯下的罪。在我看来，我们的共同法以可能性为基础，而非权利。因此，他在年幼之时被判入狱，成为一名法律认定的重罪犯。现在，这个国家在尽力将他限制在方圆几米之内，这种粗糙的领养方式让他成了自己的孩子，以狱卒手中的钥匙定下了契约。他的手铐象征着他作为国家子民的身份。国家的大学之门在可怜的他面前关闭了。这教会他什么？科学、文字，甚至道德和宗教？我认为，即使是在波士顿以及马萨诸塞州的大多数镇上，服刑期满后，他也不可能找到工作。有人告诉我一个故事，我希望这个故事不是真的，在这个城市里，有个16岁的男孩被送往改造所接受为期5年的改造，因为他偷了一串钥匙，当他21岁出狱时，他不会写字、阅读、计算，除了拆麻絮外，找不到其他工作。然而，他已经做了5年的国家子民，读着穷人的学校！谁会聘用这样一个年轻人？他没有良好声誉，每一口呼吸都夹杂着监狱的气味。你们这些精明的商人不会聘用他，因为你们明白风险所在；你们这些令人尊敬的人、教会成员也不会聘用他，你们不会！如果有人这么做了，就会丧失名誉。此外，这么做风险也很大，对于一个受尊重的人来说，聘用他需要秉持比普通人更加强大的基督精神。于是，这个孩子被迫再次犯罪。我不得不说，因为我打从心底里认为，当国家释放他后，没有人愿意聘用他。接着，他会被关进州监狱，随后再一次次地入狱，直到悲惨地结束生命！

自由或奴役

帕特里克·亨利（Patrick Henry）(1736-1799）

[这段著名议政演讲于1775年3月23日在弗吉尼亚州代表大会（Virginia Convention of Delegates）发表。演讲意在恳求建立弗吉尼亚民兵组织。帕特里克·亨利的完整演讲可以在他的《生命，通信和演讲》（Life ,Correspondence and Speeches）中找到，该书由纽约的威廉·沃特·亨利（William Wirt Henry）编写。]

以下是一段简要分析：①希望具有假象。②经验的价值。③英国行动的本质。④令人精疲力尽的和解。⑤呼吁组建武装部队的必要性。⑥列举并回应反对意见。⑦爱国决策。

主席先生，沉湎于希望的幻觉是人的天性。我们有闭目不愿正视痛苦现实的倾向，有倾听女海妖的惑人歌声的倾向，可那是能将人化为禽兽的惑人的歌声。这难道是在这场为获得自由而从事的艰苦卓绝的斗争中，一个聪明人所应持的态度吗？难道我们愿意做那种对这关系到是否蒙受奴役的大问题视而不见、充耳不闻的人吗？就我个人而论，无论在精神上承受任何痛苦，我也愿意知道真理，知道最坏的情况，并为之做好一切准备。

我只有一盏指路明灯，那就是经验之灯，除了以往的经验以外，我不知道还有什么更好的方法来判断未来。既然要以过去的经验为依据，我倒希望知道，10 年来英国政府的所作所为中有哪一点足以证明先生们用以欣然安慰自己及各位代表的和平希望呢？难道就是最近接受我们请愿时所流露出的阴险微笑吗？不要相信它，先生，那是在您脚下挖的陷阱。不要让人家的亲吻把您给出卖了。请诸位自问，接受我们请愿时的和善微笑与这如此大规模的海、陆战争准备是否相称。难道舰艇和军队是对我们的爱护和战争调停的必要手段吗？难道为了解决争端，赢得自己的爱而诉诸武力，我们就应该表现出如此的不情愿吗？我们不要自己欺骗自己了，先生，这些都是战争和征服的工具，是国君采取的最后争执手段。主席先生，我要向主张和解的先生请教，这些战争部署究竟意味着什么？如果说其目的不在于迫使我们屈服的话，那么哪位先生能指出其动机所在？在我们这块土地上，还有哪些对手值得大不列颠征集如此规模的海陆军队吗？不，先生，没有其他对手了。一切都是针对我们而来，而不是针对别人。英国政府如此长久地锻造出的锁链要来桎梏我们了，我们该如何抵抗？还要靠辩论吗？先生，我们已经辩论 10 年了，可辩论出什么更好的抵御措施了吗？没有。我们已从各种角度考虑过了，但一切均是枉然。难道我们还要求救于哀告与祈求吗？难道我们还有什么更好方法未被采用吗？无须寻找了，先生，我恳求你们，千万不要自己欺骗自己了。我们已经做了应该做的一切，来阻止这场即将来临的战争风暴。我们请愿过了，我们抗议过了，我们哀求过了，我们也曾拜倒在英国女王的宝座下，恳求她出面干预，制裁国会和内阁中的残暴者。可我们的请愿受到轻侮，我们的抗议招致了新的暴力，我们的哀求被人家置之不理，我们被人家轻蔑地一脚从御座前踢开了。事到如今，我们再也不能沉迷于虚无缥缈的和平希望之中了。希望已不存在！假如我们想得到自由，并拯救我们为之长期奋斗的珍贵权利的话；假如我们不愿彻底放弃我们长期所从事的、曾经发誓不取得最后的胜利而决不放弃的光荣斗争的话，那么，我们必须战斗！我再重复一遍，必须战斗！我们的唯一出路只有诉诸武力，求助于战争之神。

主席先生，他们说我们的力量太单薄了，不能与如此强大凶猛的敌人抗衡。但是，我们何时才能强大起来呢？是下周？还是明年？还是等到我们完全被缴械、家家户户都驻守着英国士兵的时候呢？难道我们就这样仰面高卧，紧抱着那虚无缥缈的和平幻觉不放，直到敌人把我们的手脚都束缚起来的时候，才能获得有效的防御手段吗？先生们，如果我们能妥善利用自然之神赐予我们的有利条件，我们就不弱小。如果我们 300 万人民在自己的国土上，为神圣的自由事业而武装起来，那么任何敌人都是无法战胜我们的。此外，先生们，我们并非孤军作战，主宰各民族命运的正义之神，会号召朋友们为我们而战。先生们，战争的胜负不仅仅取决于力量的强弱，胜利永远属于那些机警的、主动的、勇敢的人们。况且，我们已没有选择余地了。即使我们那样没有骨气，想退出这场战争，也为时晚矣！我们已毫无退路，除非甘愿受屈辱和奴役！囚禁我们的锁链已经铸就，波士顿草原上已经响起镣铐的叮当响声。战争已不可避免——那么就让它来吧！我再重复一遍，就让它来吧！

回避现实是毫无用处的。先生们会高喊：和平！和平！但和平安在？实际上，战争已经开始，从北方刮来的大风都会将武器的铿锵回响送进我们的耳鼓。我们的同胞已身在疆场了，我们为什么还要站在这袖手旁观呢？先生们希望的是什么？想要达到什么目的？生命就那么可贵？和平就那么甜美！甚至不惜以戴锁链、受奴役的代价来换取吗？全能的上帝啊，阻止这一切吧！在这场斗争中，我不知道别人会如何行事，至于我，不自由，毋宁死！

拿破仑对意大利方面军士兵的演说

拿破仑·波拿巴（Napoleon Bonaparte）（1769-1821）

[本篇议政演讲为 1796 年 5 月 15 日对意大利方面军士兵的

演说，发表于洛迪战役（battle of Lodi）结束6天之后。经过一年的激烈战斗，法军将奥地利军队击退回奥地利境内。

演讲提纲如下：

1. 你们做出了巨大贡献。

（1）你们取得的成就的深远影响。

（2）对法国的影响。

2. 尚有未完成的事业。

3. 胜利果实的本质。]

你们像山洪一样从亚平宁高原迅猛地冲了下来。你们战胜并消灭了一切阻挡你们前进的敌人。

从奥地利暴政解放出来的皮埃蒙特，表现了与法国和平友好相处的天然感情。

米兰是你们的，在全伦巴迪亚上空，到处都飘扬着共和国的旗帜。

帕尔马公爵和莫德纳公爵能够保住政治生命，完全归功于你们的宽宏大量。

号称能够威胁你们的敌军，再也找不到更多的可以凭借的障碍物，来抵挡你们的勇气了。波河、提契诺河和阿达河不再阻挡你们前进了。意大利这些所谓了不起的堡垒看来都是不堪一击的，你们像征服亚平宁山脉一样迅速地征服了它们。

你们取得的这样多的胜利使祖国充满喜悦。你们的代表们准备了节日，以表示对你们胜利的庆贺，共和国所有的公社都在庆祝这个节日。你们的父亲、母亲、妻子、姊妹以及你们所有心爱的人，都为你们的胜利而欢欣鼓舞，他们都以自己是你们的亲人而自豪。

号称能够威胁你们的敌军，再也找不到更多的可以凭借的障碍物，来抵挡你们的勇气了。波河、提契诺河和阿达河不再阻挡你们前进了。意大利这些所谓了不起的堡垒看来都是不堪一击的，你们像征服亚平宁山脉一样迅速地征服了它们。

是的，士兵们！你们做了许多事情。可是，这是不是说你们再没有什么事可做了呢？人们在谈到我们时会不会说，我们善于取得胜利，却不善于利用胜利呢？后代会不会责备我们，说我们在伦巴迪亚碰上了卡普亚呢？不过我已经看见你们又拿起了武器，懦夫般的休养生活已经使你们烦恼啦！你们为荣誉而花去的时光，也就是为自己的幸福而花去的时光。总而言之，让我们前进吧！目前我们还需要急行军，我们必须战胜残敌，我们要给自己戴上桂冠，必须报复敌人给我们的侮辱！

让那些准备在法国挑起内战的人等着吧！让那些卑鄙地杀死我们的驻外使节和烧毁我们土伦的军舰的人等着吧！复仇的时刻到了。

但是，要叫人民放心。我们是一切人民的朋友，特别是布鲁图家族、西庇阿族和一切我们奉为典范的大人物后裔的忠实的朋友。恢复卡皮托利小山上的古迹，在那儿恭敬地竖起一座能使古迹驰名的英雄雕像。唤醒罗马人，使他们摆脱几百年的奴役造成的昏沉欲睡的状态。这些将是你们的胜利果实，这些果实将在历史上创造一个新的时代。不朽的荣誉将归于你们，因为你们改变了欧洲这个最美之地的面貌。

享有自由、受全世界尊敬的法国人民正在给全欧洲带来光荣的和平，这种和平将补偿它在6年中所忍受的一切牺牲。那时你们回到自己的家乡，你们的同胞就会指着你们说：他曾经在战无不胜的意大利方面军服役！

葛底斯堡演讲

亚伯拉罕・林肯（Abraham Lincoln）（1809-1865）

[本篇演讲于1863年11月9日在宾夕法尼亚州葛底斯堡国家公墓发表。它包括①对比；②奉献的含义；③对爱国责任的呼吁。]

八十七年前，我们先辈在这个大陆上创立了一个新国家，它孕育于自由之中，奉行一切人生来平等的原则。

我们正从事一场伟大的内战，以考验这个国家，或者任何一个孕育于自由和奉行上述原则的国家是否能够长久存在下去。我们在这场战争中的一个伟大战场上集会。烈士们为使这个国家能够生存下去而献出了自己的生命，我们来到这里，是要把这个战场的一部分奉献给他们作为最后安息之所。我们这样做是完全应该而且非常恰当的。

但是，从更广泛的意义上说，这块土地我们不能够奉献，不能够圣化，不能够神化。那些曾在这里战斗过的勇士们，活着的和去世的，已经把这块土地圣化了，这远不是我们微薄的力量所能增减的。我们今天在这里所说的话，全世界不大会注意，也不会长久地记住，但勇士们在这里所做过的事，全世界却永远不会忘记。毋宁说，倒是我们这些还活着的人，应该在这里把自己奉献于勇士们已经如此崇高地向前推进但尚未完成的事业。倒是我们应该在这里把自己奉献于仍然留在我们面前的伟大任务——我们要从这些光荣的死者身上吸取更多的献身精神，来完成他们已经完全彻底为之献身的事业；我们要在这里下定最大的决心，不让这些死者白白牺牲；我们要使国家在上帝福佑下自由的新生，要使这个民有、民治、民享的政府永世长存。

为爱国主义发出呼吁

本杰明·哈里森（Benjamin Harrison）（1833-1901）

[本节选摘录自 1889 年 4 月 30 日在纽约举行的一场晚宴之后的餐后演讲。演讲是为了纪念第一任美国总统乔治·华盛顿就职 100 周年。

思考顺序是: ①对 100 周年表示祝贺。②纪念活动的爱国意义。③希望获得更深远的效应。④“我们的国家”并非实体，而是一种精神。⑤呼吁再次献身于爱国主义。演讲全文发表于 1889 年 5 月 1 日《纽约先驱论坛报》（New York Tribune）]

今天，我祝贺你们，是你们令这个场合富有教益、趣味勃发。重要的贸易通道已经关闭大门，星条旗成为最新的商业标记；你们之间的重要交流已经结束，华尔街中心的旗帜正在升起。在这个具有历史意义的地点，那些付出时间和力量、致力于贸易的人，将这些时光交付给了他们的国家，交付给了她的荣光，交付给了为荣誉和进步而奋斗的理想抱负。

我很高兴地相信，在座的许多人的心中，对国家的热爱更加深厚；无论是受到号召的那些人，还是已接受号召的人，都目睹了你们对于海陆战场上那面旗帜的热爱，那面旗帜同样竖立在某些家庭里，在那里，美丽的女子轻视我们，它们也竖立在发出尖刻哭和嘶哑叫声的孩子的脑海中，今日，我们沿着你们奋斗而来的大街前进。

我相信，在许多人心中，爱国主义已经愈发膨胀。你们贴在墙上的旗帜、充满爱国精神的题字必须摘下，商业和贸易必须重新开启。

我呼吁你们将这些挂在墙上的旗帜带回家，带回你所属的城市的公立学校，带回孩子们聚集的伟大机构，将它们挂在这些地方，年轻人和老人看着这些旗帜，能够产生熟悉感，就像是美国家中的装饰。

难道我们不了解，宏伟建筑中的股票、债券或土地，或工厂里的产品，都属于我们的国家？国家是我们脑海中的信仰；是一面旗帜以及它所代表的意义；国家是光荣的历史；国家是炉边聚会；是我们的家。这些高尚的理想藏在心里，它们源于父辈的经历以及为自由献身的战士；它们是墓园，在那里，我们的国家用心地集合了逝去者无意识的灰烬。这些事物中，我们所爱和呼唤的是我们的国家，而不是其他可被随意触碰或处置的事物。

为了提升人民的道德水平；为了使法律具有神圣性，让它像天主的约柜一样，不心怀尊敬的双手无法触碰，对任何改变它的至高无上地位的企图表示蔑视。团结所有人民，让家园变得纯净和值得尊敬，让我们朝着物质进步的方向迸发出力量吧，我们有能力承担这些义务，在这些伟大的行动中，我们难道没有感到自身再次变得神圣，只因为对国家的热爱和奉献？

罗恩的辩词

约翰·菲尔波特·柯伦（John Philpot Curran）（1750-1817）

[伟大的爱尔兰演讲家于1794年发表的辩论，以下为节选。在精湛的抗辩之后，他敦促关注以下节选内容提及的要点：

一项裁决应基于对性格的考量。

1. 罗恩在现实中个性友善。

（1）众所周知，他是个热心公共事务的人。

（2）众所周知，他热心帮助弱者。

（3）众所周知，他热衷于慈善。

2. 推断的结果是，这样的一个人不可能目无法纪。

3. 演讲者考虑了可裁决的几种可能性。

（1）有利于被告。

（2）不利于被告。]

先生们，如果你们对于被告有罪还是无辜依旧存疑，让我给些建议，也就是你们应考虑的情况，以做出裁决。你们应当考虑被指控之人的性格，在这一方面，你们的任务并不难。我胆敢说，在这个国家，没有谁比这位诉讼中的绅士更为人所周知了，不仅因为他关注公众话题，并与许多人持有相同观点，而且他对人类的痛苦怀有深切同情，我很难过地想到，他还应有更多情怀需要与人分享。没有一天，当你听到大街上饥饿的生产商在哭喊时，看不到他对这些人的痛苦表示关切，或看不到他的真诚果断的品格，他摘下帽子，为他们寻求救济，寻求冷却的慈善之心，希望用热情触动心弦，敦促并发起辩论，以求迸发更多善的力量，他的谦逊抑制了自己的欲望，避免成为以慷慨为标榜的道德权威。

如果你没有见过他，你也可以追寻他的足迹，前往充斥着疾病、饥荒、绝望的私人住所，他是天堂的信使，带来了食物、药品和慰藉。这些难道是导致无政府状态和公开劫掠的原因？真是这个男人犯了煽动民众暴动、进行杀戮的罪？真是这个男人背叛所有与国家相连的原则——出生、繁荣、教育、性格和他的孩子？让我告诉你们，陪审团的先生们，如果你们同意原告律师的话，认为这样一个人，应该在这样一个场合下成为牺牲品，基于一些证据，你们就要定他的罪，但是，你们从来没有，也永远不能将任何人置于因受到公共惩罚的判决而名誉受损的危险境地中。那些在公共场合侮辱他，对他忘恩负义的那些被雇佣的人中，有谁的烦恼是他不曾努力减轻，又有哪些群体所面临的困境是他未曾尽力改善的？

我不会放弃这份自信，今天，我的客户的痛苦将终结；无论此前他是如何被无情地追逐，你的裁决将使他重回家人的怀抱，获得国家的祝福。但是，如果（老天都不会同意的！）结果是不幸的，只因为他没有向权力和权威屈服，因为他没有在金牛犊①前卑躬屈膝、表示崇拜，于是就注定被扔进熔炉中，我信仰上帝，宪法中有赎罪精神，它将陪伴着受苦难者度过烈焰，确保他在火灾中安然无恙。

与美国的战争

威廉·皮特，查塔姆伯爵（William Pitt，Earl of Chatham）（1708–1778）

[老威廉·皮特于1777年11月18日在上议院发表的著名动员演讲。是《对女王发表的关于美国事务的演讲》（An Address to the Throne concerning Affairs in America）这是伯爵的最后一篇演讲，他未亲眼看到自己的预言实现。演讲的部分提纲内容如下：①皮特指出了严峻危机。②他声明，“你无法战胜美国。”③他反对雇佣印第安人与美国人作战。]

我主啊，我无法，也不会加入对不幸和耻辱的庆祝。我不想对盲目和逢迎的演讲表示赞同，同意并神圣化那些将给我们带来耻辱和不幸的言论。我主啊，这是一个危险的关键时刻！这不是称赞的时刻。阿谀奉承是没有用的，它无法拯救我们于艰难的惨烈危机之中。现在，有必要告知女王真相。我们必须消除假象，黑暗掩盖了假象，以万分危险的真面目将灾难带到了我们眼前。

① 原文使用“牛”（calf）而不是“偶像”。柯伦将亚伦的金牛犊（《出埃及记》）和尼布甲尼撒（Nebuchadnezzar）的金像（gloden idol）搞混了，三个希伯来人拒绝跪拜尼布甲尼撒王所造的金像，于是被捆起来扔进火炉里《丹尼尔 iii》（Daniel iii）。如果这位爱尔兰演讲者和丹尼尔·韦伯斯特这位圣经的学生一样虔诚，他就不会犯这个错误。

现在的大臣们是否能够设想，这种毁灭性的痴心妄想将一直持续下去？议会是否对自身的尊严和职责置若罔闻，因此而蒙受欺骗，最终失去其一，背叛另一者？对于那些未在议会以建议的方式提出，而是作为命令强加于我们的措施，针对无限度地信任和不懈地支持这些建议的人，我想说，我主啊，是什么将处于暮年的繁盛帝国引向毁灭！“但是，就在昨天，英国再一次站在了世界的对立面：现在，无人愿意表达尊敬。”对于驻扎在国外的军队的一切情况，我们一无所知。没有人比我更为尊敬他们。我热爱并尊崇英国军队。我知道他们的美德和英勇。我知道他们可以达成一切目标，除了不可能本身；我知道，英国不可能战胜美国。你们不敢说，但是我敢说，你们无法战胜美国。上一场战争中，你们的军队影响了一切可被影响的，在一位最有才干的上将的领导下，以无数生命为代价，他[①]最后成了上议院的议员。之后经过一段长时间且劳累的运动，将五千名法国人驱逐出了法国社区。我主啊，你们无法战胜美国。现在，美国的情况如何？最坏的消息我们尚未得知，但是，我们从三场行动中看到，我们没有取得胜利，反而损失惨重。

你们或许尽量让每一分钱物尽其用，积累了所有援助，将行军路线延伸到了德国暴君蹒跚的脚步下；你们的企图将永远是徒劳的、无力的。它源于你们所依赖的雇佣兵的帮助；它会激怒你们的敌人，产生无法平息的憎恨；它会使你们惨遭雇佣兵的劫掠，将自己和财产贡献给雇佣兵残暴行为背后的贪婪。如果我是美国

① 阿默斯特勋爵（Lord Amherst）。

人，那会和英国人有着相同的感受，当外国军队踏上我的国土，我从未想过放下武器，绝不，绝不，绝不！

但是，我的议员先生们，在战争的屈辱和伤害之外，谁敢于向我们的武器、战斧和剥头皮刀发号施令，呼吁与野蛮、冷酷无情的森林居民进行现代化的结盟？授权残忍的印度安人维护正义权利的权利，引发针对我们兄弟的残暴战争？我的议员先生们，这些暴行需要纠正和惩罚。但是，我的议员先生们，这种野蛮方式得到了维护，不仅仅出于政策和必要性等原则，也出为道德；“它是完全被允许的，”萨福克议员（Lord Suffolk）说，“使用上帝和大自然赋予我们的一切手段。”在议会，或是在这个国家，听到这些坦白说出的原则，我很吃惊，我很震惊。我的议员先生们，我并不想占有你们太多的注意力，但是，我无法抑制自己的愤怒，我的发言情不自禁。我的议员先生们，我们作为上院的成员、作为男子、作为基督徒被召唤而来，来抗议恐怖的暴行！“上帝和大自然赋予我们的！”上帝和大自然给予了我们哪些理念，我不知道；但我知道，这些可鄙的原则，对于宗教和人性而言，同样地可恶。什么！将上帝和大自然的神圣许可归咎于印第安人用剥皮刀而展开的大屠杀！——归咎于食人肉的野蛮人，折磨、谋杀、吞灭、饮用受折磨的受害者的血液！这样的观念震惊了道德准则、人性的每一种感受、恐惧的每一分情绪。这些可憎的原则，以及更可憎的对这些原则的公开声明，将迎来我最果断的愤慨！

新美国主义

亨利·华德生（Henry Watterson）（1840-1903）

[以下是于1894年12月22日在位于纽约的新英格兰协会（New England Society）发表的餐后演讲。第二天出版的纽约先驱论坛报（New York Tribune）刊登了演讲全文。提纲如下：①介绍亨利·W.格拉迪（Henry W.Grady）的演讲“新南方”。②林肯是典型的美国人。③呼吁社会各界保持宽容。]

8年前的今夜，我此刻站着的地方站着一位年轻的佐治亚州人，不无理由地，他意识到自己此刻出现的“意义”，我没有自信能够完全回忆出他的发言，从新南方到新英格兰，他呼吁建立团结一致的国家。

现在，他已经离世。但是，即使他的生命短暂，上天交与的任务已经完成；他在幼年时期的梦想已经实现；上帝指派他，为地球带来和平讯息，为人类带来良好祝愿，完成任务后，他从凡人视线中消失，就像诺亚方舟上的鸽子。

格拉迪真诚地告诉我们，在塔玛奇博士（Dr.Talmage）的想象中，一个典型的美国人正在走来，但在亚伯拉罕·林肯的（Abraham Lincoln）时代，他已经来临。最近，从关于这位男士的职业生涯研究中，我发现了许多令人惊诧的、能证实这种论断的证据。粗糙不平的树干从盘根错节的树根中汲取营养，土壤下是保王党和清教徒的源泉，它正在涌现，并逐渐成长为匀称的树，它的所有部分都是对称的，它的树荫庇护着这个国家，这个国家获得了新生，这是林肯的承诺，在这片先辈们逃避镇压时前往的人类避难所上，人们获得了新生。感谢上帝、斧子、绞刑架和火刑柱，它们已经离去，让我们期待能够留住失去的艺术。事实证明，伟大的错误可以被纠正，伟大的改革可以完成而不需流血，复仇不会净化心灵，只会变得残忍；容忍，从个人角度看，是一种美德，但在公共事务中，它已成为影响最深远的政治才能的信条。

因此，我对身着丝制紧身裤、伴着奴隶演奏的音乐起舞，却称将此之为自由的男士们提起上诉，对戴着钟形帽、将海丝特·白兰（Hester Prynne）引向耻辱、却将此称之为宗教的男士们提起上诉，向持有完全错误的理智和真相，举起武器以维护两者权威的新美国主义提起上诉。我对来自新英格兰、恩迪科特（Endicott）和洛厄尔（Lowell）的教父和诗人提起上诉；我以普通公民的名义和权利提起上诉，我们有着共同的起源——清教徒和保王党，对于他们，我们都有所亏欠。让逝去的往昔因英烈的流血而神圣，而非陷入残暴的仇恨。治国之术和教士权术让历史一片黑暗，让逝去的往昔永远被埋葬，让当下和未来都响起歌唱者的歌声吧。祝福他们传授的经验、制定的法律，祝福他们亲眼所见的以及阳光所照耀的一切吧。容忍是有福的，它就在上帝的右边，以充满爱的词汇指引道路，所有让我们更加靠近真正的宗教、真正的共和制、真正的爱国主义的，无论是原则、口号、标语和标签，还是伪善者和英雄，都更让我们相信我们的国家和我们自己的一切都是有福的。约翰·格林里夫·惠蒂埃（John Greenleaf Whittier），而不是科顿·马瑟（Cotton Mather）呼喊道：

“亲爱的神与父，宽恕我们对残忍谎言的信念，宽恕否认的盲目。

“拆毁我们的偶像——推翻我们那血染的神坛——让我们在你的人性中看见你！”

断头台

维克多·雨果（Victor Hugo）(1802-1885)

[这篇充满激情的辩护演讲旨在通过演讲所塑造出的情境为演讲人之子辩护：

①演讲者“谴责”自己并为自己的儿子辩护。②接着，他攻击法律。③接下来，他叙述了引发自己的儿子采取抗议的情境。④最终，他还原了抗议的真实面目，向陪审团提交了案件。]

陪审团的绅士们，如果这儿有一位罪魁祸首，那么，绝不是我的儿子，而是我！我，在过去25年来，始终反对死刑，始终为人类生命的不可侵犯性而做斗争，我为我的儿子现在面对的指控而认罪。在这里，我谴责自己，总法务官先生！我承认所有可加重罪行后的所有罪行；这是我谨慎思考过的，重复执着地恳求的。古老的、荒谬的同态复仇法——以牙还牙法则，是的，这一生中，我都在与之战斗，这一生，陪审团的先生们！只要我还有呼吸，我就将继续与它斗争，用尽我身为作家的所有努力，以及作为立法者的所有词汇和选票！我在耶稣受难像前宣布；在望着我们、倾听我们的死刑受害者面前宣布；在2000年前，依照人类法律而将上帝钉住的绞刑架前宣布，为了世代人永恒的教导！

我的儿子关于死刑的笔录，以及目前他正在接受审讯的记录和出版物，在他所写下的所有内容中，他几乎没有提及，自幼年时起，我便开始启发他产生的情感。陪审团的先生们，批评以及严厉批评一项法律——尤其是刑法的权利，与寻求改进的职责同等重要，就像艺术家制造火炬的过程一样。记者的权利是神圣的、必要的、不可侵犯的，就像立法者的权利一样。

现在是什么情况？一个男人，一个罪犯，一个被判刑的可怜虫，在某个清晨，被拖曳到公共广场上。在那儿，他看到了绞刑架，他颤抖着、挣扎着，拒绝死亡。他还年轻，只有 29 岁。啊！我知道你们会说什么，“他是个谋杀犯”！但是，请听我说。两名警察逮捕了他。他的手和脚上了铐。他挣脱了那 2 名警察。紧接着是一番痛苦的挣扎。他受缚的双脚与梯子缠绕在了一起。他试图用绞刑架来抵抗绞刑！挣扎的时间被拖延得更久了。恐惧席卷了人群，警察满头大汗，脸上显露出羞愧，面目苍白，气喘吁吁，感到绝望，我并不知道他们认为什么才是恐怖的绝望，恐惧在公众斥责声中不断减少，公众的斥责本该针对刑罚，这些斥责不知不觉中将成为刽子手的行刑工具，这也正是警察疯狂地想要达成的目的。

受害者抓紧绞刑架，尖叫着祈求赦免。他的衣服被撕裂，他的肩膀正在淌血，但是，他负隅抵抗。最后，这种怪异的挣扎与愤怒持续了 45 分钟，这个令人惊诧的场面没有名称，愤怒是针对所有人而言的，如果有人能够理解，这股愤怒面向的是集体观众以及受到谴责的男子，在受尽痛苦后，陪审团的先生们，他们将可怜虫关进了监狱。

人们松了口气。人们通常是慈悲的，希望那个男人能够得到宽恕。可现实却是相反的，断头台虽然败下阵来，但它依旧站在那里。站在病态的民众之中，它成天皱着眉。到了夜晚，警察再一次将可怜虫拖出监狱，他被强制捆绑住全身，动弹不得，形容枯槁，流着血，哭泣着，祈求着，哀号着求生存，祈求上帝、父亲和母亲——这个即将面对死亡的男人像个孩子，他们将他拖去行刑。他被吊在绞刑架上，他的头颅落下！良知打了个冷战。从未发生过一名谋杀犯如此有伤风化，令人难以忍受。所有人都感到了这个动作的暗含意味。在这个时刻，从那个年轻男子的胸腔里发出一声呐喊，来自于他的内心深处——遗憾和痛苦的呐喊，恐惧的呐喊，人性的呐喊。这种呐喊将受到你们的惩罚！面对我刚才叙述的恐怖事实，你们会对绞刑架说："你是对的！"像圣人般地对怜悯之心说："你是错的！"陪审团的先生们，事实不应是这样！先生们，我的发言完毕。

对美国部队的演讲

乔治·华盛顿（George Washington）（1732-1799)

[这篇议政演讲于 1776 年 8 月 27 日即长岛战役前夕面对爱国士兵发表。演讲由三部分理念构成：①华盛顿提出了另一种选择。②他敦促部队进行历史性的抵抗。③最后的呼吁和指示。华盛顿的完整作品由 W.C. 福特（W.C.Ford）编辑并于 1888 年在纽约发表。]

美国人是成为自由人，还是沦为奴隶；能否享有可以称之为自己所有的财产；能否使自己的住宅和农庄免遭洗劫和毁坏；能否使自己免于陷入非人力所能拯救的悲惨境地——决定这一切的时刻已迫在眉睫。苍天之下，千百万尚未出生的人的命运取决于我们这支军队的勇敢和战斗。敌人残酷无情，我们别无他路，要么奋起反击，要么屈膝投降。因此，我们必须下定决心，若不克敌制胜，就是捐躯疆场。

祖国的尊严，我们的尊严，都要求我们进行英勇顽强的战斗。如果我们做不到这一点，我们将感到羞愧，并将为全世界所不齿。所以，让我们凭借我们事业的正义性和上帝的恩助——胜利掌握在他手中——鼓励和鞭策我们去创造伟大而崇高的业绩。全国同胞都注视着我们，如果我们有幸为他们效劳，将他们从企图强加于他们的暴政中解救出来，我们将受到他们的祝福和赞颂。让我们相互激励、相互鞭策，并向全世界昭示：在自己国土上为自由而战的自由民胜过世上任何受人驱使的雇佣兵。

自由、财产、生命和荣誉都在危急存亡之中，我们正在流血受辱的祖国寄希望于我们的勇敢和战斗，我们的妻儿父老指望我们去保护。他们有充分理由相信，上苍一定会保佑如此正义的事业获得胜利。

敌人将炫耀武力，竭力恫吓，但别忘了，在许多场合，他们已被为数不多的勇敢的美国人所击败。他们的事业是邪恶的——他们的士兵也意识到了这一点，如果我们在他们开始进攻时，就沉着坚定地予以反击，凭着有利的工事和熟悉的地形，胜利必将属于我们。每一位优秀的士兵都将整装待命，一旦出击，必歼顽敌。

罗伯斯庇尔最后的演说

马克西米连·弗朗索瓦·马里·伊西多·德·罗伯斯庇尔
（Maximilian Marie Isidore de Robespierre）（1758-1794）

[在被送上断头台行刑之前，罗伯斯庇尔对巴黎民众发表了这篇演讲。他的演讲内容包括：①驳斥指控他为暴君的言论。②解释真实动因。③表示自己超越个人私利。④对法国发出呼吁。]

共和国的敌人说我是暴君！倘若我真是暴君，他们就会俯伏在我的脚下了。我会塞给他们大量的黄金，赦免他们的罪行，他们也就会感激不尽了。倘若我是个暴君，被我们打倒了的那些国王就绝不会谴责罗伯斯庇尔，反而会用他们那有罪的手支持我了。他们和我就会缔结盟约。暴政必须得有工具，可是暴政的敌人，他们的道路又会引向何方呢？引向坟墓，引向永生！我的保护人是怎样的暴君呢？我属于哪个派别？我属于你们！有哪一派从大革命开始以来查出这么多叛徒，并粉碎、消灭这些叛徒？这派别就是你们，是人民——我们的原则。我忠于这个派别，而现代的一切流氓恶棍都拉帮结党地反对它！

确保共和国的存在一直是我的目标。我知道共和国只能在永存的道德基础上才能建立起来。为了反对我，反对那些跟我有共同原则的人，他们结成了联盟。至于说我的生命，我早已把生死置之度外了！我曾看见过去，也预见将来。一个忠于自己国家的人，当他不能再为自己的国家服务，再不能使无辜的人免受迫害时，他怎么会希望再活下去？当阴谋诡计永远压倒真理、正义受到嘲弄、热情常遭鄙薄、有所忌惮被视为荒诞无稽，而压迫欺凌被当作人类不可侵犯的权势时，我还能在这样的制度下继续做些什么呢？目睹在革命的潮流中，泥沙俱下，鱼龙混杂，周围都是混迹在人类真诚朋友之中的坏人，我必须承认，在这样的环境下，有时我确实害怕我的子孙后代会认为我已被他们的污秽传染了。令我高兴的是，这些反对我们国家的阴谋家，因为不顾一切的疯狂行动，现在已和所有忠诚正直的人划下了一条深深的界限。

只要向历史请教一下，你便可以看到，在各个时代，所有自由的卫士是怎样受尽诽谤的。但那些诽谤者也终不免一死。善人与恶人同样要从世上消失，只是死后情况大不相同。法兰西人，我的同胞啊，不要让你的敌人用那为人唾弃的原则使你的灵魂堕落、令你的美德削减吧！不，邵美蒂啊，死亡并不是“长眠”！公民们！请抹去这句用亵渎的手刻在墓碑上的铭文，因为它给整个自然界蒙上了一层丧礼黑纱，使受压迫的清白者失去依赖与信心，使死亡失去有益的积极意义！请在墓碑刻上这样的话吧：“死亡是不朽的开端。”我为压迫人民者留下骇人的遗嘱，只有一个事业已近尽头的人才能毫无顾忌地这样说，这也就是那严峻的真理：“你必定要死亡！”

黎明的辉煌

爱德华·埃弗里特（Edward Everett）（1794-1865）

[以下记叙性段落摘录自 1836 年 8 月 28 日在纽约奥尔巴尼（Albany）发表的演讲。]

我们感恩天文台提升了我们对于天体的认知高度，有了它，我们甚至无需任何辅助，就可以亲眼看到难以言喻的辉煌景象。过去几周，我有机会乘坐火车从普罗维登斯（rovidence）前往波士顿；因此，凌晨2点我就起床了。周遭的一切事物都裹挟在黑暗之中，鸦雀无声，只有急速驶过的火车发出的叮当声打破寂静。那是一个和煦宁静的仲夏夜晚，万里无云，和风轻拂。在最后的15分钟里，月亮升起，星辰闪着独特的光芒，月光丝毫未影响到它们。2小时后，木星的升起预示着一天的开启；昴宿星团正位于地平线上，往西方投下甜美的光线；天琴座在天顶附近闪耀；在南方，仙女座星体遮住了她才刚刚展现出的裸眼可见的光芒；远在北极下方的平稳指极星才刚刚从它们位于极北的方位谦和地抬起头来。

这些就是我进入火车后的辉煌景象。我们继续前行，胆怯的黎明开始更易察觉了；深蓝的天空开始变得柔和；较小的星辰，就像孩子一般，先离开去休息了；昴宿星团的两束光很快融为一体；西方和北方的闪亮星座依然未变。不可思议的改变仍在平稳地继续。隐藏于凡人双眼的许多视角开始改变天体景象；夜晚的光芒过渡为黎明的光芒。现在，蓝色天空变成灰色；伟大的星辰闭上了它们圣洁的双眼；东方开始出现曙光。微弱的紫色光线很快弥漫过天际线；整个天穹充满了晨光的汹涌浪潮，从天空上方布满光辉的海洋中倾泻而出；最终，当我们抵达蓝山（Blue Hills），一束紫色的火焰从天际爆发，将花朵和树叶上的水滴变成红宝石和钻石。不出几秒，清晨的永恒之门瞬间打开，上苍带着光芒而来，耀眼得令人难以直视，紧接着开始了一天的工作。

林肯的悼词

约翰·菲利普·纽曼（John Philip Newman）(1826-1899)

人类的荣光如风般易逝，如夏日般短暂；但是，亚伯拉罕·林肯的历史地位确是毋庸置疑的。他拥有世人所有的仰慕标识。他被铭记于歌曲中，记录于历史中，被赞美于颂词中，他的塑像由青铜铸造，以大理石雕刻，他的形象被绘制于帆布上，镌刻在国民心中，在人类记忆中永垂不朽。一些人在他们的年代辉煌灿烂，但是他们的言行对于历史而言并无多少意义；但是，他的使命和国家一样大，和人性一样宽广，和时光一样不朽。没有什么思想比遵守法律和为所有人谋自由更加伟大的了。一些人并不受同时代人的崇敬，他们的死无人关注。但有一个人，当他在世时，他受到的尊敬比其他任何人都多，当他过世时，他更加受到世人的尊敬，他将是有史以来最受爱戴的人。他的伟大之处在于——生时伟大，死后亦伟大。林肯将受到子孙后代的关注和喜爱，因为他拯救了最伟大国家的生命，他日益扩大的影响在于对人性的祝福。按照这个标准，林肯应永远地活在历史中。

伟大的人成群出现，也成群地从世人眼前消逝，但是，我们不会对一个群体产生爱或恨。我们会谈古腾堡（Gutenberg）和他的助理们，谈华盛顿和他的将军们，谈林肯和他的内阁，但当决定性的时刻来临，我们将为印刷术的发明者加冕，我们将为国家之父戴上桂冠，我们将为共和国的拯救者献上名誉的花冠。

一些人因周围人的渺小而伟大。而林肯的伟大只因他是伟人中的伟人。林肯有伟大的同伴——睿智的外交家西沃德(Seward);著名理财家蔡斯(Chase);无与伦比的战争部长斯坦顿(Stanton),以及杰出的参议院和士兵将士。虽然没有人完全支持他,但也无人能够取代他。伟人来去匆匆的法则也适用于今天。在太平盛世,天才并不会发光,真正的伟大并不出众;但当危机来临时,上帝就会掀开幕帘,向世人揭示曾经默默无闻的人物。

林肯在历史篇章中以独特的品格和具有魅力的人格而鹤立鸡群。就像弥尔顿笔下的天使一样,林肯代表了最原始的观念,他应时代而生,他是领导中的领导,人们发自本能地信任他。他追求实现民治、民享,他曾经贫困艰辛,但是伟大没有改变他的精神基调或减弱他的同理心。他的品格保持不可思议地平衡,他节制有度,却不过分节制,勇敢却不鲁莽,有始有终却不固执己见。他在怀抱希望的同时保持谨慎,这或许不能算是早熟,他以希望对抗谨慎,这样或许就不会向恐惧或危险投降。他非凡的希望从未背叛他,也从未促使他采取脱离实际的行动。他对司法的热爱不亚于来自同理心的喜悦。他对于个人荣誉的认可与对国家的热爱一样强烈。他的自我牺牲在公共利益中得到了最极致的表达。他的正直毋庸置疑,他的诚实战胜了猜疑。与其说他卓越,不如说他更加坚定。他的判断力战胜了想象力,他的野心服从于谦卑,他对于司法的热爱驾驭了所有个人想法。除了继承财富且具有较高社会地位的华盛顿之外,林肯是美国史册中最完美的代表性人物。他触及了人类阶梯中的每一个角落。他阐述了公民权利的可能性。我们不为他的卑微出生感到羞耻。我们为他的伟大而感到骄傲。

我们倾向于通过环境判断人，通过他们战胜的困难衡量他们的伟大程度。每一个时代都能产生英雄，每一次危机都能产生大师。林肯在历史上政治最为动荡的时刻上台。没有什么比林肯坚定拯救美国的信念更能体现他的睿智聪敏和治国才能了，这是他在任期内的目标。他否认州主权和国家主权同等重要，各州享有权利和义务，而它们的主要义务就是留在联邦。一些政治慈善家对推翻奴隶制吵吵嚷嚷，他们支持解散联邦，而不是生活在一个容忍奴隶制的国家里。但是比起他们，林肯更加聪明，也是个更好的慈善家。他可以选择保留一个有或没有奴隶制的联邦。他偏向后者，他的偏好受到了普遍赞同。与南部联盟保留、看重奴隶相比，还有什么比在一个联邦国家保留奴隶更糟糕的？时间已经证明他的政治才能是正确的，保留联邦意味着拯救这个以人类自由为目标的伟大国家，因此而解放奴隶，使他们接受教育，得以勤俭并获得政治平等权。

为古巴呼吁

约翰·梅伦·瑟斯顿（John Mellen Thurston）（1847-1921）

[这篇议政演讲于1898年3月24日发表于美国参议院。全文刊登于《国会议事录》(Congressional Record)。瑟斯顿夫人在古巴逝世。作为临终前的请求，她敦促正在调查古巴事务的丈夫，尽力劝说美国政府对古巴革命进行干涉，因此而有了这篇演讲。]

总统先生，我在此放弃沉默，最后一次就古巴局势发表看法。

我应该尽力诚实、保守和公正。我并不想煽动公众热情，从而被迫采取不必要的行动以履行美国职责、满足基督人性关怀和实现国家荣誉。如果可以，我希望淡化这项任务，但是我不敢这么做。只有发言，并且现在开始发言，我才能无愧于良心。

前往古巴时，我坚定地相信古巴的局势被媒体刻意地放大了，最初，我努力曝光这些我认为被夸大的事实。毫无疑问，当今的新闻业存在煽情主义，但就古巴形势，却不存在任何煽动性报道，因为再夸大其词已是不可能的。

在魏勒（Weyler）的非人道政策的统治下，从西班牙殖民省到殖民城市，不到40万自力更生、淳朴、平和、手无寸铁的国民被赶出农田上的家园，被囚禁于城市之外寸草不生的荒地以及成排的壕沟围起来的土地上，只有一条小路通行。他们卑微的家园被焚毁，他们的土地遭到撂荒，他们的农具被毁坏，大部分牲畜和食物供给被没收。大多数人是老幼妇孺，因此，他们成了不抱希望的被囚禁者，没有住所或食物。在被驱赶到的城市里，他们找不到工作。除了城市居民提供的微不足道的救济，他们毫无依靠，饥饿如同不可避免的厄运一样逐渐蚕食着他们……

美国报纸上刊登的集中营里，人们正在挨饿的照片是真实的。这是成千上万人的缩影。在马坦萨斯（Matanzas）郊外集中营里的景象，是我此前从未见过的，我恳求上帝以后不会再见到。我至死都不会忘记他们那绝望的眼里饱含着的极度痛苦。他们在用树皮做成的小屋里挤成一团，当我们走进他们之中时，没有一人发出恳求，向我们索要救济品……

极度饥饿的男人，女人和孩子一言不发地站立着。他们唯一的恳求来自于眼睛，他们的眼睛犹如一扇扇开启的窗，从中可以直接看到他们痛苦不安的灵魂。

西班牙政府尚未拨款，未来也不会拨出哪怕一美元来救济这些人。现在，美国的慈善团体正在照料、护理和管理他们。想一想那是怎样的场景吧！我们正在向这些西班牙公民提供食物；我们正在照料他们的病患；我们正在尽可能地挽救生命，然而，还有些人称，尽管我们向他们提供食物是正确的，但是我们必须撒手不管。我想说，举起毛瑟枪，夺取食物的时刻已经到来。

我问总督，除了美国慈善团体外，他是否知道还有其他渠道在为这些人提供救济。他不知道。我们问他："你认为到什么时候，这些人可以自力更生？"他深有感触地回答："只有上帝或伟大的美国政府能够回答这个问题。"我希望，也相信，伟大的美国政府能扮演起仁慈的上帝，给出一个答案。

我没有必要进一步叙述这些可怕的事。他们就在那里。上帝怜悯我，因此，我见到了他们；他们将永远存在于我的脑海里——如今已经快迈入20世纪了。基督于1900年前被钉死在十字架上，西班牙是基督教国家。她在更多的土地上架设了更多的十字架，在更大片的蓝天下，屠杀比地球上其他国家的人口总和还多的人。欧洲或许能够容忍她的存在，只要旧世界的人民愿意如此。上帝保佑，在下一个圣诞节早晨来临前，西班牙的专制和压迫留下的痕迹将从西半球彻底消失……

是时候采取行动了。如果今日能采取行动，就没有更好的理由等到明日。每一个小时的拖延都将为悲惨和死亡的惨痛故事添加新的篇章。只有一种力量能够干涉——美国。我们的国家是世界上最伟大的国家，是众多美利坚自治州的母亲。她受人民信任，对人民和整个西半球事务负责。她的光荣事迹激励着古巴的爱国者在永恒之山上升起自由的旗帜。我们无法拒绝接受这份责任，上帝给予了我们新世界最强大的实力，我们必须行动起来！那么，我们到底该采取哪些行动？

在这个神圣的事业中，与美国的干涉针锋相对的只有一种反对声音；这个声音来自货币兑换商。他们害怕战争！不是因为某个基督教徒或贵族反对战争、爱好和平，而是因为他们害怕，宣布战争或采取干涉行动或许会导致战争的爆发，从而对股市产生不利影响。别理会他们。他们并不代表美国的看法；他们并不代表美国的爱国主义。对于热爱自由的美国人民而言，他们的祸福甘苦微不足道。他们不会参战；他们不会流血；他们将继续在人类的生命上下赌注。让忠心于金钱的人站到一边，让忠心于旗帜的人上前线。

总统先生，如果要采取行动，那么只有一种选择，就是进行干涉，实现古巴岛的独立。但是，没有武装力量，我们就无法干涉和拯救古巴，武装意味着战争，战争意味着流血。加利利（Galilee）海岸上地位卑微的拿撒勒人（Nazarene）宣扬爱的神圣教义，“使地球拥有和平，喜悦归于人”。牺牲自由和人性换不回地球和平。掠夺者、奴役者、辱人者、饿死同胞者是无法获得喜悦的。我相信基督教义，我相信和平教义。但是，总统先生，在久违的和平来临前，人们必须享有自由。

干涉意味着武力，武力意味着战争，战争意味着流血。但这将是上帝的武力。除了武力，还有什么能让为人性和自由而战的斗争获取胜利？除了武力，还有什么能够冲破错误、非正义、压迫的壁垒？武力迫使不情愿的国王在《大宪章》（Magna Charta）上签字；武力使《独立宣言》充满生机，使《解放宣言》奏效；武力驱使人们徒手拿起武器，冲破巴士底狱的铁门，在一个小时内，风卷残云般地报复数个世纪以来君主犯下的罪行；武力举起邦克山（Bunker Hill）上的革命旗帜，在福吉谷（Valley Forge）的白雪上留下血染的脚印；武力守护了夏伊洛（Shiloh）战役中被毁坏的防线，爬上查塔努加（Chattanooga）烈火席卷的山丘，令瞭望台（Lookout Heights）上空风云突变；武力伴随谢尔曼远征（Sherman to the sea），在山纳多（Shenandoah）的山谷里与谢里登（Sheridan）一同策马前行，使阿波马托克斯法院在阿波马托克斯（Appomattox）的山谷里获得胜利；武力挽救了联邦，留住了国旗上的星星，使“黑鬼”成为公民。是时候发挥上帝的力量了，让美国的爱国者再一次慷慨激昂地唱起：

在美丽灿烂的百合花丛中，
基督诞生在大海彼岸，
他胸怀里的荣耀光芒
使你和我变得高尚；
当上帝向前迈进时，
他为了人类的圣洁而牺牲，
让我们也为人类的自由献身吧！

一些人或许会犹豫，一些人或许会拖延，一些人或许会呼吁进行进一步的外交协商，这些都意味着拖延；但对我而言，现在，我已准备好战斗，对于我的行动而言，我已经做好准备，回应我的良知、我的国家、我的上帝。

新南方

亨利·胡芬·格雷迪（Henry Woodfin Grady）（1850-1889）

[格雷迪著名的餐后演讲发表于1886年12月22日在纽约市举办的新英格兰协会（New England Society）第81届年度宴会。这篇演讲几乎为即席而作，因此而成为一篇伟大作品。]

“曾经的南方有着奴役和分裂派，现在，那个南方已经死去。现在，是一个拥有联邦和自由的南方，感谢上帝，这个南方是有生命的，它正在呼吸，每小时都在成长。”这些词，是本杰明·H. 希尔（Benjamin H. Hill）以他不朽的双唇于1866年在坦慕尼协会（Tammany Hall）上发表的，那时，这句话是真的，现在，这句话依然为真，我应该开始今晚自己的演讲了。

总统先生和各位：请允许我向你们表达感激之情，感谢你们允许我发表演讲。这个突然的致敬是经过深思熟虑的，因为我感到，当我在这个古老庄严的场所提高我的带有地方口音的声调时，我至多不过能够找到勇气说出和开场一样的句子，如果在开场句子中，我能够粗略地感受到自己作为一名嘉宾的义务，可以说，我会带着口中的礼貌和心中的优雅死去，这样也不错。

各位的好意让我可以恢复正常呼吸，我想说，作为第一位南方人在这里发表演讲，这其中所蕴含的意义，我很感激，如果演讲内容超过了新英格兰当地的好客程度，并且得到各位的情感共鸣，我也对此表示感激，但这样一来，在演讲中，我就会失去自己的个性，对于我的同乡的赞美也会显得苍白无力。

今晚，我展现出了你们这儿最大程度的礼节。我的家乡并无人因此而感到忧虑。你们是否记得，一个男人的妻子让他带着一罐牛奶到邻居家，男人在最高一级台阶上被绊倒了，鉴于突发状态打乱了原本的拜访方式，男人直接摔到了地下室，当他试着站起来时，他的妻子打来电话：

“约翰，你是不是打碎了牛奶罐？”

“不，没有打碎，”约翰回答，“但是，要是我不打碎的话，我就该碎了。”

因此，那些给我打来电话的人或许带给了我一些激励人心的力量，要是我依旧缺乏勇气，我恳求各位给予一些包容。我恳请各位充分展示美国人的公正和坦率，对我说的内容进行评判。曾经，一位年长的牧师告诉男孩们，他即将在第二天上午的课堂上朗读的《圣经》内容，男孩们翻到书本的相应部分，将书页黏在了一起。第二天上午，牧师朗读了上面的文字：“当诺亚120岁时，他娶了妻，”——接着，他翻过书页——“140腕尺长，40腕尺宽，由歌斐木制成，里外两面涂上树脂。”牧师下意识地感到困惑。他又读了一遍进行确认，接着说道，“我的朋友，这是我第一次在《圣经》中读到这些内容，但是，我会将它视作证明人类在被制造时，上帝是多么诚惶诚恐，而人类又是多么完美的证据。”如果今晚，我可以让你们抱有这种信念，我就可以愉快地继续我的使命，否则，我就得把自己奉献给上帝了。

总统先生，请原谅我说几句关于每年出版的与您的发言或是演讲有关的书籍的事。骑士党和清教徒都是早期定居大陆的群体，现在，他们可以“四处走动了”。我认真阅读了您的书，其中并没有提到这个事实，在我看来，如果不为其他目的，那就是为了保持历史的平衡性。

我得提醒您，在这片大陆上，是弗吉尼亚的骑士党首先向法国发起的挑战。骑士党人约翰·史密斯（John Smith）是新英格兰的命名者，对于今后可以管辖自己命名的地区，他感到十分满意。迈尔斯·史丹迪士（Miles Standish）追求一名印第安少女，却得不到少女父母的同意，于是割下了印第安人的耳朵，并禁止男人在礼拜日亲吻妻子。上帝恩赐骑士党越来越多的殖民地，荒野中的小屋和树林里的鸟巢一样拥挤。

但是，要将骑士党的故事作为事实编入您的那本吸引人的小书中，需要让它们先完成自我救赎。由于骑士党们总是十分英勇，我们对于他们的美德毫无争议。那么为什么我们要这么做呢？事实上，清教徒和骑士党都不需要靠这个生存，两者的美德和传统如今被后代愉快地保留至今，激励着他们的子孙。清教徒和骑士党都在第一次革命的风暴中逝去了，美国公民则取而代之，并且比两者都更为强大，他们用鲜血占领了共和国，积累了智慧，教导人们组成政府，将人们的声音确立为上帝的旨意。

我的朋友们，塔梅奇博士（Dr. Talmage）告诉你们，典型的美国人尚未出现。让我告诉你们，他已经出现了。伟大的类型，就像珍贵的植物一样，开花结果的过程总是缓慢的。他来自于清教徒和骑士党殖民者的联合，来自于对各自目标的矫正，血液的交融，经过一个世纪的缓慢改善，他了解了自己的所有优势和温和，以及共和国的所有威严和优雅，那个人就是亚伯拉罕·林肯。他是清教徒和骑士党的集大成者，两者的美德激发了他热情的本性。在他的伟大灵魂深处，两者的错误都不复存在，他比清教徒更伟大，比骑士党人更伟大，因为他是美国人。在他朴素的外表下，凝聚着令人激动的巨大力量，为他的理想政府注入非凡的意义，这个理想使他着眼于人类的苦难，这位殉难者成了无耻之徒的仇恨目标，从摇篮到人类自由，他奉献了自己的一生，是当之无愧的王者。让我们在每一个珍惜传统和纪念父辈的时刻，用深表崇敬的双手延续他所建立的简朴却崇高的使命，所有类似的事业都将受到尊敬。作为美国人，我们将享有共同的荣誉，其中的部分荣誉，你和我的父辈们将共同享有。

我很荣幸地在干杯致辞中接受新名词——“新南方”，这并不包含贬低旧词的意味。先生们，我最亲近的是童年时的家和我们同乡们所践行的传统。如果可以，我不会让他们在和平与战争中赢得的光辉暗淡，或用言行对他们的文明光辉和优雅表示介意，这些现在不，或许未来也绝不会等同于骑士气概和优雅。那是全新的南方，不是通过反抗旧南方而获得，而是因为新的情况，新的调整，如果你愿意，还有新的理念和渴望。我的发言正是为此而发，也是为了快点说完，以免演讲还未结束，它又变回了旧南方。时间不会带给一切事物力量和美德，不是所有新事物都会被轻视。鞋匠在他的门上挂着：“约翰·史密斯的商店，1760 年成立。”对街的年轻对手则挂出的牌子：“比尔·琼斯(Bill Jones)，1886 年。店里没有陈年旧货。”

塔梅奇博士用精湛的技艺为各位画出了凯旋军队的图景。他向你们展示了威风凛凛的军队凯旋情景，士兵迈着自豪的胜利步伐，在国民的注目下叙述着国家的光荣！请各位容忍我再多说几句，我想告诉你们另一支军队的故事。一支打了败仗的军队返回祖国，悲伤的气氛笼罩着他们，他们没有大放异彩，但获得的光荣与你们是相等的，善良可爱的人们依然欢迎英雄归来。让我向你们描述一位受了腿伤的南方邦联士兵，他身穿已褪色的灰色外套，扣紧纽扣，他的释放是有条件的，1865 年 4 月，在阿波马托克斯法院，他面向南方，在自己的孩子面前，证明自己的忠诚和信仰。想一想，他衣衫褴褛、半饿半饱，贫困和伤病使他虚弱，他竭尽全力战斗，交出自己的枪以示投降，沉默地紧紧攥着战友的手，抬起有泪痕的苍白的脸庞，最后一次望向老弗吉尼亚山丘间星星点点的坟墓，将灰色软帽拉下盖住额头，开始缓慢又痛苦的旅程。他发现了什么？——我想问问你们，谁会到你的家里，迫不及待地在你理应受到的欢迎中，询问四年来的牺牲。当他不计成败地追寻染血的南十字旗，对投降的恐惧远大于死亡，回到离家时还繁荣美丽的故乡时，他能领悟到什么？他发现自己的家变成了一片废墟，他的奴隶被释放，他的牲畜被杀，他的谷仓空空如也，他的生意被毁，他的财产一文不值。庞大的封建社会体系崩溃，他的同乡没有法律或司法地位，他的战友被杀害，还有其他负担一并压在了他的肩上。受到战败的打击，家乡的传统习俗消失了，没有钱、信用、工作、培训机会，除此之外，还要面对人类智力史上的最严峻问题——为获得自由的广大奴隶谋取社会地位。

他做了什么？这位身穿灰色上衣、菩萨心肠的英雄，他是否会情绪消沉，满怀绝望地坐下？一天也不会。上帝剥夺了他的财富，激励他勇敢面对苦难。破坏可谓史无前例，重建从未如此迅速。士兵从战壕走向犁沟，扛着联邦枪支的马匹走向了耕犁，4 月时还洒满鲜血的田地，在 6 月就布满了丰收的绿色。原本生活奢侈的妇女剪短了裙装，用双手劳作，为丈夫制作马裤，坚韧不拔和英雄精神永远是女性最美的装饰品。这里并不包含多少痛苦，愉悦和坦率是普遍的情绪。比尔·阿尔普（Bill Arp）说："好吧，我杀了对方许多人，对方也杀了我们许多人，现在，我要去工作了。"这是他的发言的主旨，战败后回家的士兵在路边烤玉米，他对自己的战友说："如果你想离开南方，你可以离开；但是，我即将前往桑德斯维（Sandersville），亲吻我的妻子，种植谷物，如果北方佬敢戏弄我，我就再揍他们一顿。"我想对谢尔曼将军（General Sherman），这位公认十分能干的人说，虽然一些人认为他对于放火烧城的命令考虑不足，但从 1864 年他留给我们灰烬中，我们建起了一座英勇美丽的城市。从某种程度上说，我们从家园的砖瓦中看到了阳光，在那儿，建立起了一个没有卑劣的偏见或记忆的家园。

可是，我们达成了什么目标？我们完成了多少任务？从工作报告中，我们发现，自由的黑人是比为奴的黑人数量要多的。我们在山顶盖了学校，同时对白种人和黑种人开放。我们不谈理论，而是建立了城镇，将商业置于政治之上。我们得知，如果我们能够自产种植棉花的物资，每年的棉花种植得到的 4 亿美元收入将使我们变得富裕。我们将商业汇率从 24% 降到了 4%，债券浮动利率为 4%。我们得知，一个北方移民价值相当于 50 个外国人，他们疏通了通往南方的道路，清理了梅森—狄克森线（Mason and Dixon's line）所在的位置，为你和你的同伴敞开了大门。

我们已经实现了家家户户的和谐美满，丈夫得承认，妻子制作的馅饼和母亲制作的一样美味，我们承认，和战争前相比，阳光依旧灿烂，月光依旧温柔。我们在城市和国家里树立了节俭意识。我们开始热爱工作，我们为家园重新带来了舒适，在那里，文化和优雅从未远离。从谢尔曼的骑兵营开始，我们让经济扎根，让它像杂草一样快速疯长，直到我们能够让乔治亚州的北方人也享受到好处，在战场废墟中，我们搭建起一层楼高的棚屋，从棉花籽中压榨出纯橄榄油，在佛蒙特州（Vermont）的山谷中，用它对抗用低劣商品换取法兰绒香肠的新英格兰人。

重要的是，我们都了解我们在“太平盛世”中取得的成就，我们为南方实现了独立，这种独立，比我们的父辈试图用雄辩在论坛上取得胜利胜，或用剑在战场上战斗获胜更加圆满。

先生们，虽然这么说显得过于谦虚，但能够参与这项任务是一项罕见的待遇。

要鼓舞和振兴流血的南方，没有什么比托付于人的双手更加高尚的职责了，在她的苦难中，伪装或许显出了美感、诚实、勇敢和慷慨。在她的社会、工业和政治重建历史中，我们自信地等待世界的裁决。

但是，黑人怎么办？我们是解决了他们提出的问题？还是使他们能够有尊严地以平等的方式继续向前迈进？用历史记录回答这个问题吧。历史记录中，没有比南方黑人发展得更加繁荣的人口了。没有人会对奴隶主和地主施与更多的同情。他们分享我们的学校基金，拥有我们法律的全面保护，以及我们的同胞的友谊。个人利益和尊严要求他们必须享有这些权利。我们的未来，我们的存在，取决于我们能否以全面和精确的公正性来解决这个问题。我们了解，当林肯签署《解放黑奴宣言》（Emancipation Proclamation）时，胜利就已注定。接着，他委身于人类自由的事业，反抗那些仅靠武器无法战胜的制度。而那些相信奴隶制是联邦基石的政治家，注定想要竭尽所能地打败我们。在文明进步的视野下，我们致力于一个理智无法防御，刀剑无法维护的事业。图姆斯先生（Mr.Toombs）想说而当时没说的话，就是向站在邦克山脚的奴隶们发出号召，他或许是愚蠢的，因为他或许了解，只要奴隶制成为战争因素之一，奴隶制就会消亡，以人类的肉体为形式表现的财产在新英格兰将永远消失。在奴隶交易过程中，当你们的父辈将奴隶贩卖给我们的父辈时，无须责备你们父辈的不劳而获，也不要称赞我们父辈为奴隶付了钱。

南方人民与黑人之间的关系是亲密而友好的。我们记得，过去 4 年中，他们用怎样的忠诚守护着毫无防备的妇女儿童，可是她们的丈夫和父亲正在与他的自由权利对抗。值得赞扬的是，在正面作战中，无论他们是否为自己的自由奋力拼搏，最后，当他们摆脱手铐，举起黝黑谦卑的双手，在无助的指控前，这些双手是清白无罪的，值得每一个推崇忠诚和奉献的人以爱心握紧。

暴徒虐待他们，恶棍误导他们，慈善家为他们建立银行，南方和北方共同抗议对质朴真诚的人民所施加的不公正。法律可以带领黑人实现自由和解放，剩下的任务，需要交给良心和常识，还应交给命中注定、休戚与共的人，因拥有明智的同理心和自信心，从而取得财富的人。尽管他们面对的是本该为自己发声，实则却毁谤自己的公开反对者，但他们始终怀有信念。如果南方具有了他们的理智和正直，那么未来，信念将继续伴随着他们。

但是，我们是否对你们抱有信心？从最充分的意义上说，是的。当李将军（Lee）投降时——我并非意指约翰斯顿（Johnston）将军，因为我了解，提到他，就相当于暗指当他遇见谢尔曼将军时，他“决定放弃继续抵抗”——当李将军投降时，约翰斯顿放弃了抵抗，南方宣布对联邦的忠诚。我们努力地战斗是因为我们被鞭策着，最后我们坦然地接受了最终的命运，这也是我们所呼吁的结果。限制自由的枷锁最终掉落了，黑人奴隶的枷锁最终被打破。

在旧制度下，黑人是南方的奴隶，南方是体制的奴隶。具有简单警察条例和封建习惯的老种植园是奴隶制下唯一可能存在的形式。这种形式，就好比在某些人为情况下，血液聚集于心脏，甚至都满溢了出来，而身体的其他部位却毫无血色，冰冷无比。因此，光辉的贵族寡头制掌控下的一切都应被人民驱除。

旧南方的一切都建立在奴隶制和农业之上，没有意识到这些根本无法维持健康的发展。新南方则践行了完美的民主政治，寡头们领导了群众运动，构建起紧密交错的社会体系，表面上看起来比以往黯淡，但内在却更加强大。每一个种植园都有100个农场，每一栋高楼都有50个家庭，多样化的产业满足了复杂时代下的复杂需求。

新南方迷恋上了她的新工作。她的灵魂因为新生命的呼吸而搅动。更加美好的生活的光芒正照在她的脸上。她为日益强大的繁荣而欣喜。她笔直地站立着，与世界上其他人一样高大和平等，呼吸着热情的空气，远望着延展的地平线，她明白，自己的解放是因为上帝高深莫测的智慧，是因为她的目标被跨越了，以及她的勇敢的军队被击败了。

这即是说，随波逐流或道歉没有意义。南方没有道歉的理由。她相信，各州之间的斗争就是战争，而非反叛、革命，这不是阴谋，她的信念和你们的相同。如果我认为南方有英勇无畏的精神，那么我应该是不公正的，但如果我没有在这里解释清楚，也就违背了我的信念。南方没有什么需要道歉的。在我位于雅典的家乡小镇，有一个历史遗迹，它位于小镇正中央的山丘，是一个普通的白色杆子。发亮的一面刻着一个男人的名字，对我而言，他的名字比其他男子的名字都显得亲近，这是一个勇敢质朴的男人，他死于英勇和质朴的信念。从普利茅斯岩石（Plymouth Rock）一路向前，他为的不仅是新英格兰的光荣——我很想用他留给我的遗产来换回他的英勇战死，我也许应该带我的孩子前往杆子前，表达对他的尊敬。先生们，尽管这段记忆如影相随，但是，除了心怀敬意，我没有其他的想法。为了事业，他遭受苦难，献出了生命，比一切都更加高尚的智慧对他做出了判定，我很高兴，全能的上帝以他万能的手维持了战场的平衡，人间的奴隶制从美国土地上永远地被消灭了，美国联邦从战争废墟中被挽救了。

总统先生，神圣的土地传递着这个讯息。每一寸土地都是神圣的，它是我生活的地方，是共和国的战场。对您而言，土地上的每一座山丘都是神圣的，因为您的兄弟为了您的胜利而流血牺牲了。对我们而言，也是神圣的，因为那些绝望无畏、战败的人们。它对于我们所有人来说都是圣地，它充满了记忆，使我们更加纯粹、强大，它沉默不语，美国人心中的无敌勇气和美国军队不朽的声誉使它变为染血的荒芜之地，它是具有说服力的目击者，代表着白色的和平与繁荣，见证了美国各州牢不可破的联盟和美国人民难以磨灭的手足情谊。

如今，新英格兰对这个信息做出了哪些回应？她是否会允许战争的偏见继续留在战胜者的心中？她是否会将偏见传给下一代？从未感受到激烈战争的下一代的心中，偏见是否还将延续？在阿波马托克斯，她是否会过分拘谨，阻止饱受战争创伤的格兰特将军发自内心地伸向李将军的手？她是否会展望一个重生且快乐的民族，聚集在即将死亡的首领的病床边，以优雅填充他的心，以赞颂触碰他的双唇，令他通往坟墓的路变得光荣？她是否会看到，他的即将逝去的灵魂呼吸到了祝福、欺骗和幻想？如果她看到的话，那么南方就必须有尊严地做出拒绝，绝不卑微地要求建立志同道合的情谊；如果她没有看到，如果她坦率并认真地接受了善意和有益的祝福，那么，40 年前，在这个协会上发表的韦伯斯特的预言，将以最圆满的方式得到证实。当时，这个预言获得了极大掌声，内容是："手牵手，手拍手，我们应该像 60 多年来一样，团结一致，作为同一个国家的公民、同一个政府的成员，联合所有人，现在就联合，永远联合。曾经遇到困难、争吵、争议，但我要告诉你们我的判断：那些对立的眼睛，就像天上的流星一样，同根同源。最近，我们在震荡中相遇，现在，应该以对彼此最为合适的方式，向同一条道路前进了。"

附录 C：100 个演讲主题和简要提示

1. 社会沙龙

《大西洋月刊》（Atlantic Monthly）文章，第 59 卷。

2. 美好的老时光

当进行公平的对比时，我们是否要像多数人认为的那样，过于迅速地行走？我们获得了许多，是否也失去了许多？是否所有一切都在变化和进行中？是否道德永远“没时间”？健康、道德、礼貌、信念、忠诚、高尚，能否赶得上物质的发展？这个问题的另一方面同样提出了强烈的论证。

3. 年轻的老古板

见词典。“老人请律师，年轻人上战场。”年轻人中突出的保守倾向值得关注。不是所有老人都“慢”，不是所有年轻人都激进。年轻并不就是精力充沛的保证。给自身带来怀疑和嘲笑的年轻想法是可悲的。在年轻时，我们期待开朗、希望、信念、欢乐、精力和坦率。是什么因素产生的影响导致年轻人“守旧”？这种影响大吗？如果答案是否定的，那么，最好的解决方法是什么？

给出这些提示，并不是说必须以其作为提纲，而是为了激发思维，因此，许多观点以问题的形式提出。

4. 不要总是一个人

政治经济学认为，人类要互相依靠。对这个义务的最高认可和践行就是理想生活的特征。可以查看伟人的事例。

5. 言论自由

主教 H.C. 伯特认为，严格地说，不存在与社会福利完全一致的言论自由。要注意言论自由造成伤害的途径。如果不走向极端的对立面，我们要如何根绝罪恶？现在我们的“许可证”就是法国革命的产物之一。

6. 城市是对共和国的威胁

二十一世纪的城市是强大的。在大城市，民主之所以失败，是因为外国人的大量涌入。这些属于道德问题和社会问题。烈性酒是城市生活的主要因素。公立学校在改革中将起到什么作用？媒体是否太过于唯利是图，所以懒得给予帮助？教堂准备好提供帮助了吗？

7. 血腥钱

不义之财可以延续多久？继承了父母以不正当手段所得的钱财的孩子，需要承担什么义务？如果金钱被用于获取更多不正当的金钱，它能否带来祝福？城市、州、国家能否接受血腥钱？想一想犹大（Judas）的故事。

8. 我的国家是对是错

这是一个安全的座右铭吗？它能明智地走多远？个人意见对国家政策的信任程度如何？一个好公民对国家的抗议能到什么程度？爱国主义是否意味着放弃个人信念？通常来说，大多数人是对的，还是错的？

9. 真实的亚隆・伯尔（Aaron Burr）

近期出版的书籍对这位著名抗争者的真实性格进行了更加广

泛的研究。如果要纠正公众对他的普遍看法，那么，理由是什么？

10. 艺术对道德的影响

假正经和谦虚之间的区别。当代艺术是否能够提高公众道德水平？“对洁净的人来说一切都是洁净的”是真理吗？裸体真的只是习俗问题吗？

11. 穿越鲁比孔河

恺撒仔细思考并最终做出了这个决定。我们正面对着当代的鲁比孔河，好比“人生总有潮起潮落”等。决定通常是依据过去的生活经验，在无意识的情况下做出的。坚定的性格的价值。决策是如何从高卢（Gaul）抵达罗马的。鲁比孔河的每一侧“本应该”都有自己的职责，选择不仅仅需要执行，也需要维持。

12. 爱国教师

内森·黑尔（Nathan Hale）。见自传。值得注意的是，对微小职责的忠诚导致了他的伟大牺牲。在行刑之前，他说出了豪言壮语，他本不需要为国家付出这么多，但他确实救活了一百个人，他在行刑前如是说。

13. 中庸之道

以宏观的视角看待生活和生活中的问题具有重要意义。极端分子的片面性。

真理走的是中庸之路。

14. 根除贫困的万灵药

对这个问题有许多建议。穷人阶层有可能永远存在吗？瑞斯福德博士（Dr.Rains-ford）在文章中写道，“我们能为穷人做些什么？”预防性或补救性措施会产生更好的效果吗？

15. 叛国者与爱国者

本尼迪克特·阿诺德（Benedict Arnold）职业的两面。追溯其令人悲伤的人生转折中累积的影响。对于自己的叛国行为，他会感到多大程度的懊悔？

16. 教育能够保佑所有人吗？

一位知名的公众人物说，一些人不应受到教育。在什么情况下，教育变成了诅咒？这是否只适用于部分教育？全面的教育是否会变成诅咒？

17. 大学理念

比较美国的大学与国外的大学。美国的大学具有丰富的多样性。描述你心中的真实理想。论证你的论点。美国遇到的困难。美国教育思想会逐渐地与美国大学理念达成一致吗？是否有美国大学比其他大学更加接近真正的理想？

18. 渴望未知

它是如何激发发明家和发现家的？举例。尚有许多未知的成果正在等着发现家和发明家。学会保持耐心。

19. 家长作风

想一想极端社会主义者犯下的错误，他们梦想有一天，政府将控制所有的劳工部门和行政部门。个人主义的对立面。

20. 天才的贵族制

什么是天才？不仅仅限于血统的贵族制度。为什么这是一件有希望的事。全世界对这种贵族制有多大程度的了解？它将如何统治国家？说明大脑如何控制劳动，一个机构的创始人是如何成为世界的统治者的？

21. 圆

见《爱默生散文》（Emerson's Essay）中的《圆》（Circles）。

22. 勇气

一篇赞美常识以及将常识应用于生活各方面的演讲。说明没有任何事务可以取代常识。

23. 无冕女王

称颂珍·亚当斯女士（Miss Jane Addams）。

24. 精神消化不良

大多数人阅读了许多书，却没有好好消化阅读的内容。我们失去了对深奥作品的审美。威廉·考珀·科南特（William Cowper Conant）说："教育就是学会阅读。"如果我们无法消化吸收阅读的内容，阅读又有什么意义？解决方法是什么？

25. 对诚信制度的检验

审视各类型的大学体系。是否所有学生都值得信任？解释诚信制度[例如，劳伦斯维尔（Lawrenceville）市的大学。]的缺点和优势。

26. 受教育的罪犯

是什么力量驱使犯罪行为的产生？教育如何应对这股力量？能否依靠教育来对抗犯罪？一旦受教育的人犯罪，他们是如何变为最危险的人？

27. 好人是坏人的帮凶

冷漠的、不关心政治的人是如何通过将政治权利转交给坏人，而成为坏人的帮凶的？

28. 慈善、智慧和其他

只有授人以渔才是慈善。助长依赖性和贫困都是伤害。

29. 美国机械师

他的职业，他的考验，他的胜利，他的回报，他的未来。他是否完成了自己的任务？

30. 美国的石墙

对战争天才石墙·杰克森（Stonewall Jackson）个人性格的赞扬。

31. 南方的女子

她的高尚精神体现在恐怖战争结束后，投身于家园重建。她的影响鼓励了南方的男子承担起同样的责任。

32. 战争的伦理

什么样的挑衅可以证明战争是正当的？战争应该具有什么样的精神？比较最近几次的战争与早年的战争。人文精神是否进步了？思考胜利者对战败者的态度。

33. 危机和能够应付危机的人

世界历史上的巨大危机中，通常会出现一个能力卓越、力挽狂澜的人。伟大事件和伟人之间的互惠效应。

34. 擦亮或生锈

类比演讲：劳动或衰退；前进或后退；获胜或为奴。

35. 第 10 军团

从恺撒领导的著名军团中得出的经验。

36. 富有女性魅力的女王——维多利亚女王

维多利亚女王。特指她的家庭生活和对家庭成员的训练。她对全球女性的影响。

37. 女子和战争

女子在家和战场上提供服务。她们表现出激励人心的态度。历史上的事例：韦恩伯格的女子，圣女贞德，弗洛伦斯·南丁格尔，艾迪斯·卡维尔，梅布尔·博德曼等。

38. 男人的三种责任

对自己，对同胞，对上帝。这些责任并不会互相冲突，虽然有时候，它们看起来如此。恰当地履行了其中一种责任后，其他责任也就一并被履行了。对责任的全面理解。

39. 工作的权利

见《新右派》（The New Right），“黄金法则”琼斯（“Golden Rule” Jones）。这是人的天然权利。自立和扶持依赖他的人，包括工人。如果一位诚实高效的男子找工作越来越难，那么，制度就不是好的制度。什么样的力量能够武装反抗这种制度？罢工者占据他人工作的权利，是否正当？

40. 流浪汉

《流浪与流浪汉》（Tramping with Tramps），弗林特（Flynt）；“人是怎么变成流浪汉的？”弗林特，《世纪杂志》（Century Magazine）。流浪汉需要为自己负责吗？如果是，原因是什么？社会中的哪些因素使人变成了流浪汉？我们能为流浪汉做什么？是谁的责任？是否所有的流浪汉都一样？见《流浪汉》（The

Hobo），奈尔斯·安德森（Nels Anderson）。

41. 十字架和新月

基督教的兴起和伊斯兰教的衰退。当今时代的特征是什么？

42. 适者生存

适用于采矿业、蔬菜种植业、动物养殖业和精神领域。

43. 无知是对共和国的威胁

选票为我们伟大的政治争论做出裁决。无知的选民产生恶意的法律，还可能产生无能的公职人员。共和原则需要智者的领悟能力才可以受到广泛的认可，未受教育的选民是否足够聪明，能够履行他所面对的职责和难题？解决方案。

44. 随波逐流

漫无目的的生活犹如随波逐流的船只。启航，遇见风暴，遭遇灾害，随波逐流，一切结束。哪些目标是有价值的，能为我们的人生道路指引方向？

45. 自我的二元性

每个人都会听从内心的声音，或多或少，都是“哲基尔医生和海德先生”（Dr. Jekyll and Mr.Hyde），哪个才是真实的自我？这是个选择。

46. 命运和选择

我们的未来不受星辰的控制，我们自己才是主宰。对选择权的认识。受地位束缚的古代世界。说明完美或羞耻都不是纯粹的命运的礼物，而取决于我们自身的渴望和努力。

47. 恐惧

分析恐惧。各种类型，各个方面。它是如何阻碍进步的。它是如何将最好的保留下来的。如何控制它，使它能够为人类的福祉服务？

48. 怀疑，智力进步的因素。

轻信和怀疑。怀疑不仅仅意味着无信仰。

怀疑有合理的缘由。不存在未经怀疑就被接受的观点。当怀疑不再成为美德，怀疑必须由证据证实。

49. 悲观主义者

下定义。分析悲观主义产生时的精神状态。它和不偏不倚的真相之间有什么联系？它瘫痪了人类活动还是促进了人类活动？

对其他方面的影响。悲观主义退化为精神的最后一种类型。批评的益处胜过它的破坏性，批评必须具有建设性。

50. 维农山

来自华盛顿之墓的暗示，亦是对今日美国的启示。

51. 个体的消逝

拥有组织、组合、机器的时代被认为与人类的个体特征发展相悖。这是真的吗？

52. 我们家里的陌生人

我们对外来移民的责任。他们为美国做出贡献，使美国成为伟大的国家。伴随着他们的诅咒。有限度的排外行为蕴含的智慧。《敲我们家门的人》（They Who Knock at Oar Gates），玛丽·安廷（Mary Antin），霍顿（Houghton）。

53. 专家

是什么环境催生了专业化？什么样的基础是必要的？他能得

到什么回报？他是否有益于社会？需要避免哪些危险？

54. 穷人的乐趣

公众对穷人情况的兴趣。这种兴趣会产生什么影响。表明乐趣是如何透露出性格的。穷人的乐趣会提升还是降低他们的道德水平？我们需要为这些情况负起哪些责任？

55. 拆除古老的地标

美国对历史地标和文学里程碑作品的粗心大意。与欧洲进行比较。谁应承担这项工作？面向这个方向的有益工作已经完成；引入事例。

56. 小说中的现实主义

为现实主义下定义。文学艺术对主题的处理是否只应考虑它们是否逼真？泥潭是逼真的，清泉也是真的。哪一个可以亲眼见到？这个比较是否合理？

57. 禁令政府

现代社会呈现出允许法院立法或推翻法律的趋势。这是对的吗？目标是什么？为什么有益于社会？应该修改还是废除这种做法？

58. 旗帜之母

贝茜·罗斯（Betsy Ross）。

59. 清教徒给美国的礼物

60. 安息日对国家来说是必要的

对公民身体、精神和道德健康的影响。与法国革命时期的每旬10日制相比较。

61. 黑人的未来

"思考黑人问题"，布赖斯（Bryce），《北美评论》（North American Review）；《从奴隶身份崛起》（Up from Slavery），杰罗姆·多德（Jerome Dowd），世纪出版社（Century Co.）。黑人问题是否能够立刻得到解决？黑人应该有投票权吗？种族问题可以仅凭白人的力量解决吗？产业教育可以解决这个问题吗？

62. 文学是一个行业

鲁莽行动的危害。

63. "吾等将亡，为汝致敬"

硕士毕业生给本科毕业生的留言。

64. 再见，母校！

向母校告别。

65. 千里之行，始于足下

研究成长的本质，尤其关于从渺小变成伟大的质变过程。从本质说起，进一步扩展到在生活中的适用性。

66. 对机器的忠诚

政治学的古老理念是个人从属于"机器"意志。说明改革是如何打破这个封建观念，并以更受赞颂的公民权利理想取而代之的。

67. 为资本家发出恳求

工人已经得到了资本家的道歉；为什么不是资本家得到道歉？在没有试着了解资本家的观点、困难、问题、弱点、动机和环境时，我们能否公正地对资本家进行评价？

68. 社会环境

展示社会环境对行为、目标和理想的巨大影响。如果能够改善社会环境，对男男女女会产生什么样的影响？是否足以产生社会变革？在构建自己周遭的环境上，人类起到了什么作用？

69. 文艺是对历史的考验

一个时代的理想体现在人喜爱阅读的书本之中。我们必须区分出哪些书需要认真阅读，哪些书仅供消遣。

70. 机器和人类

可采取两种观点。节省劳力的完美机器摧毁了个人价值，从中能够感受到悲观情绪。从同样的事实中，乐观者看到的是人类思维超越物质，提升个体能力的实践理念。

71. 不满足的祝福

如果人类对现状完全满意，就不可能有进步。在不满足的条件下，人类的不安分引发了必需的革命，诞生了自由，鼓励了发现家，振作了发明家，普遍来说，增强了生活各方面积极向上的动力。

72. 重商主义

我们的商业繁荣渗透进国民生活后导致的危险不亚于以美元作为一切商品的价值尺度。要对抗和抑制这种倾向，需要依靠哪些力量？

73. 橡果的讯息

谦逊、耐心和无限可能被包裹在小小的果壳里。

74. 得与失

失去即是得到。思考牺牲品是如何成为收益的基础。选取生活中的事物举例说明。从更有益于思维和人心的角度应用这个道理。

75. 死亡是人类的天然权利

现代医学寻求延长寿命，即使代价是病人将承受难以言状的痛苦。这是正确的吗？当人的自然寿命已经达到，他难道也没有死亡的权利？延长痛苦是正当的做法吗？从这个理论中，可以推导出哪些道理？

76. 共和国的感恩

我们国家在历史上发生的事件，说明“共和国忘恩负义”。相反观点同样可举出许多例子。

77. 世界公民

一位具有良好教养的人首先需要对祖国忠诚，但是他的责任并不止于此，他应该是一名世界公民。他的心中应装着全人类的利益。这种精神催生了国际法、国际条约、对弱国的保护以及红十字会这样的组织。

78. 潮水

“人生潮起潮落，若能把握机会乘风破浪，必定能马到成功。”涨潮之日常常在我们还未来得及注意时就流逝了。阐述说明。

79. 天生我才必有用

贺拉斯·沃波尔（Horace Walpole）这番愤世嫉俗的言论现在已经不再正确了，而在他所处的那个腐败横行的时代，这句话也并非完全正确。什么样的人无法被收买？举例。

80. 性格问题

什么是性格？对旧问题的新看法，在自我成长和儿童训练中，性格指的是哪些因素？见《精神卫生》（Mental Hygiene），丹尼尔·W. 拉鲁（Daniel W.La Rue）。

81. 我相信

当一个人开口说出“我相信”时，需要进行多大程度的调查论证？轻信和信仰的关系。人们在说出这些话时的轻松感。举例说明信仰如何影响伟人的生活，并通过影响伟人，进而影响全世界。

82. 法律的永恒性

当我们感受到法律的永恒性时，法律的尊严便体现出来了。没有法律的宇宙是难以想象的。甚至上帝都有自己的法律，上帝自己也将始终遵循法律，他无法采取与自己的法律相悖的行为。法律的永恒性是真理。从这个学说中能得出什么结论？

83. 锁和钥匙

困难难以解决，真相模糊不清，问题难以解答，但是，每一把锁都有对应的钥匙。寻找正确的钥匙，努力调整它，警觉地持有它，这些都是成功的重要因素。

84. 王国的号召

学者、商人或专业人士的职业。简要列出王国对职业的开放程度。一个人响应了号召，但是，这些职业需要他赢回来，就像以色列赢回应许之地一样。敌人是谁？需要如何征服自我才可以赢得？要怎么做？

85. 雅典人、罗马人、耶路撒冷人

雅典人代表文化，罗马人代表法律，耶路撒冷人代表宗教。比较这三类产生影响的地域中心。说明它们必须都获得认可，才可以实现理想中的文明社会。

86. 审查

我们应该审查出版业和戏剧行业吗？

87. 命运的命令

必须以上帝的统治权为依据，审视自由意志理论。

上帝已经选出了从事伟大职业的伟人。列举历史事实。神的力量决定“你应该！”和“你不应该！”

88. 禁忌

见词典。在寻求真理的过程中，我们不应害怕跨越迷信和传统的禁忌。举例：伽利略，哥伦布，迈尔斯·科弗代尔（Miles Coverdale）等。

89. 新爱国主义

近一段时期以来的可怕战争的结果。联合的国家。无数公民的自我牺牲。所有阶层的联合一致。

90. “老校友”的标准

老校友所取得的成就激励着当今的年轻人从事崇高事业，并以此作为标准，以实现或超越这些标准。

91. 燃烧的第一线

在学校完成数年的准备之后，即将面临生活现实的考验。勇敢还是懦弱？

92. 未来的边缘

未来发出邀请，其中有暗藏危险的祝福、真挚的欢迎、关闭的门、带有敌意的前线，我们该如何接近它？

93. 新闻界的王子

霍勒斯·格里利（Horace Greeley）的悼词。埃德蒙·伯克（Edmund Burke）称这位“新闻界”的代表人物为“第四极”。

94. 古典教育

当前的倾向明显地具有功利性。“什么人得益？”大众如此发问。在打下古典知识的广泛基础之前，人们过快地成了专家。可以采取相反的立场。

95. 历史的内涵

历史就是范例。历史教训使现在的人可以更自信地解决生活中的问题。历史教会了我们哪些了不起的经验？

96. 蓝色眼镜

倾向于通过消极的、代表悲观主义的“蓝色眼镜”看待一切事物。

97. 基督教传教士失败了吗？

支持传教人物的参考资料或许能够从国外宗派的传教士处获得。相反观点来自霍尔德曼－朱利叶斯（Haldeman–Julius），吉拉德（Girard），堪萨斯州。

98. 新闻业的解放

对约瑟夫·普利策（Joseph Pulitzer）为“新”新闻业所做贡献的赞美。见约瑟夫·普利策、《他的生活和信件》（His Life and Letters），唐·C. 塞茨（Don C.Seitz），西蒙与舒斯特出版公司（Simon and Schuster）。

99. 墨西哥：问题和承诺

见《墨西哥万岁》（Viva Mexico），查尔斯·C. 佛兰卓（Charles C.Flandrau），阿普尔顿（Appleton）。

100. 准备：防御还是进攻?

对两种对立观点进行客观阐述，这个关键问题与世界和平密切相关；每一种观点的主要论据；给出原因，支持演讲者对于问题的看法。

注：对于演讲或辩论主题相关的近期出版资料的查阅应该向图书馆工作人员寻求便捷的帮助。除了近期出版的书本，不应忽略期刊室，尤其是主要期刊的累积索引。

附录 D：演讲的 100 个主题

1. 海战对历史的影响
2. 戏剧的衰落
3. 彼得·库珀（Peter Cooper）的悼词
4. 媒体的力量
5. 军国主义欧洲的负担
6. 对拿破仑的猛烈抨击
7. 伟大的护国公
8. 煽动者
9. 约翰·马歇尔（John Marshall）
10. 阿尔弗雷德大帝 （Alfred the Great）
11. 大学社区服务中心
12. 圣赫勒拿岛（St. Helena）
13. 西班牙的衰落
14. 国际仲裁
15. 义务教育
16. 市政所有权
17. 贫困问题
18. 财富与幸福的关系
19. 义务体育教育
20. 默默无闻的英雄
21. 公共意见
22. 改革——错与对

23. 暴民的暴政
24. 忠诚与良知
25. 家与国
26. 投票选举的责任
27. 罢工是国家问题
28. 拉法耶（Lafayette）
29. 为选举权而进行的教育测验
30. 拉美的未来
31. 美国是世界强国
32. 党派政治
33. 发明年代
34. 铁血宰相俾斯麦 (Bismarck)
35. 财阀（Plutocrat）
36. 教育是自由的守护者
37. 红色的小型校舍
38. 逆境部
39. 深海珍珠
40. 摩西十诫属于犹太法律学的一种类型
41. 布克・T. 华盛顿（Booker T.Washington）
42. 媒体审查
43. 托拉斯组织
44. 新南方——40 年之后
45. 贫困和罪行
46. “上帝指的路”
47.《致加西亚的信》
48. 迷信

49. 个人美德和公民美德
50. 维护信任
51. 盎格鲁－撒克逊人的未来
52. 财富是神圣的信任
53. “昨日的年轻人”
54. 百姓
55. 记忆
56. 美国式幽默
57. 校际友谊
58. 音乐和文化
59. 士兵的道德、勇气和力量
60. 军国主义是对共和国的威胁
61. 戏剧对品行的影响
62. 教师是公民的恩人
63. 爱的法则
64. 领导力
65. 生命之谜
66. 美国工程师
67. 魔鬼
68.20 世纪的骑士精神
69. 莎士比亚作品中的女性
70. 公职代表公众信任
71. 恳求意外结局
72. 但丁的宗教教师身份
73. 英雄崇拜
74. 泥菩萨

75. 服务于教育
76. 新的国家理想
77. “奋斗不息”
78. 宾夕法尼亚的德国人
79. 贵格会教徒的殖民者身份
80. 我能！
81. 商人的政治学
82. 强权和公理
83. 科学是信仰的婢女
84. 商业扩张
85.20 世纪的基督教
86. 政治学里的神职人员
87. 现代唯物主义
88. 自我批评
89. 自我主义和自私自利
90. 利己主义和利他主义
91. 商学院毕业生
92. 小型学院
93. 自我修养
94. 死刑
95. 保守主义是进步的朋友
96. 工人组织的权利
97. “运气是傻子，勇气是英雄”
98. “最遥远的北方”
99. 动画片的伦理学
100. 陪审团制度

附录 E：课堂使用的问题和课堂作业

以下关于公共演讲实务的实践课程包括 12 项作业以及阅读和学习指南。然而，课程具有很大弹性，教师或校长，以及学生，可以自由地将授课延长至双倍的时间。

当今的公共演讲不如从前一样极具技巧性。公共演讲的内容和方式都比较务实，也就是说，以亲切和有助益的方法使我们更加了解日常生活。因此，当我们看待一场演讲时，无论它的篇幅是长是短，都需要具有人文关怀，它关乎我们的生活、我们的职业、我们的乐趣、我们的福利，所有这些都与我们息息相关。

在你准备发表的所有演讲中，首先要考虑：哪些内容将引起听众的兴趣。很大的可能性是，能够深深打动你或激发你的兴趣的话题也将激发其他人的兴趣，但这个规律也不是始终管用。因此，你必须预估听众的兴趣所在、听众的喜好、听众的知识背景或不了解的事物。仔细思考这些因素将极大地影响你对主题的选择以及阐述演讲主题的方式。

如何给出建议

你的公共演讲作业的成败与以下两个观点的处理态度是否认真有直接关系：

你们必须每一个人，在每一节课上都严格地保持别人对你建议的或你对自己建议的心态。只要你有决心，你就可以做到。

在课堂上，你的导师或领导或许会说：“现在，我们举办一场关于足球校队的会议。你们每一个人都是足球运动员，因此，在听演讲者的发言时，你们要始终记住这一点。”

在另一节课上，或许会建议将课堂看作女子俱乐部，或商人团体，或一个商务代表团，或任何因演讲而聚集的具体团体，可以仅有男性成员，或只有女性成员，或男女成员都有。

认真听取你的领导者的建议，这一点很重要，再怎么强调也不为过，因为演讲者必须具备一种感觉，即他正在对这些想象中的观众进行演讲。观众必须帮助他相信，此时，他们就是真正的假想中的听众。在不恰当的时刻露出怀疑的微笑很可能会打乱毫无经验的学生演讲者的节奏，并且损害了整场训练的成果和乐趣。不要做出任何有可能影响演讲者完美发挥的举动，就像轮到你演讲时，你也不希望你的听众捣乱或令你难堪。如果你认真尝试——每一个“输得起”的人都应该尝试——你可以接受建议，可以假设你是一名参加会议的医生、参议院的成员、委员会成员、一个大组织的负责人，或任何你的领导指定的角色。

以第一条为基础，第二个重要的方向是：在准备和表达过程中，演讲者必须相信，对着团体演讲时，他自己是权威人物或具有较高的社会地位，在现场，他或者领导者会宣布他的角色。也就是说，他必须暂时对自己施展“催眠术”。

我确信，在接下来的步骤中，你很快会发现，互相帮助、尽力而为的话会让这个过程有益和有趣。要记住，昏昏欲睡或不友好的听众会破坏任何一场演讲。

很快，你会发现，这节课上要求你完成的作业很可能成为往后生活中真正需要发表的演讲，或许，这一天来得比你预想得还要早。因此，你必须尽可能地在不同的作业中，尽量思考各类主题下的演讲内容，这样，每节课的内容都能具有多样性，并引来他人的兴趣。

第一堂实践课

学习任务：学习本书第一课和第三课。

演讲作业：准备并讲述两件轶事。如果可能的话，其中一个应该是幽默的。记住在演讲中，一则轶事应该表现一个观点。有时演讲者会在讲故事之前提到这点，有时他会在事后提出。

例如：机智有时会取代知识。在最近的一次考试中，即使是严肃而有尊严的英国公务员委员们也忍不住微笑。问题是：

“给出任何一年从美国出口的棉花的数量。”

申请人写道：“1491 年，没有。”

另一种方法如下：

“玛丽，”约翰说，“我太爱你了，我可以躺下为你而死！”

“约翰，”玛丽回答，“一个新时期女孩想要的不是一个躺下来为她而死的人，而是一个为她起床和忙碌的人。”20 世纪的年轻女子很现实。

时下奇闻轶事的要点经常是如此明显，以至于不需要在应用形式上予以讲述。

第二堂实践课

学习任务：学习本书第七课。

演讲作业：准备并发表演讲，同时介绍一位演讲者。过程中，问自己这些问题：在什么场合？听众会有多少？观众对演讲者和演讲主题的了解有多少？演讲是政治、教育、娱乐或其他什么类型的？

遵循这些提示：

不要过多赞扬这位演讲者的口才，以免让他感到尴尬。

不要讨论他要讨论的主题，这可能会使他的演讲失去力度。

在你的介绍中要热情友好，但不要滔滔不绝。

确保你能准确地说出他的名字，清楚地陈述他的职位或职业，并准确地说出他的主题。

这种介绍最长不要超过三分钟，而且越机智、友好、简短越好——但至少讲够两分钟。

在课程中，不时请班里一位同学主持并很简洁地介绍几位演讲者，然后请另一位同学上台做同样的主持和介绍，这同样也是很好的练习。

第三堂实践课

学习任务：学习本书第十七课。

演讲作业：准备并发表演讲。充分地想象一个场景，一个人要公开接受礼物，以及赠送礼物的原因。也许你的体育教练即将离开去一个更大的机构；你的牧师将要进行一次环球航行；办公室经理在服务了四十年后退休；你的大学校长因健康状况不佳而辞职；一个报童救了一名同伴，让他免于落水……在准备一个独特的、友好的、感人的演讲中，众多的情景会挑战你的创造性。想象这一切——设身处地！也不妨想想能送什么礼物，这个类型的演讲应该三到四分钟就足够了。回忆一则简短、恰当的轶事的作用。

第四堂实践课

学习任务：学习本书第四课和第五课。

演讲作业：准备并发表一篇提名演讲。想象一下这个场合和团体——政治团体、宗教团体、大学或学校的团体、运动队、文学团体或其他群体——研究如何将你的候选人“推销”给那些手握选票的人。仅仅提到他或她的优点是不够的；你介绍你中意的人选时，演讲的方式必须促使听众像你一样思考。演讲目的是鼓舞行动。请思考这个问题。

第五堂实践课

学习任务：学习本书第十二课。

（1）提交出现的新词汇和对应含义。

（2）写一个简短的提纲，总结观点。

（3）列出在演讲中发现的不熟悉的词汇。

演讲作业：这是一个即兴演讲。我们大多数人的观点比自己意识到的更固化。这些观点很可能在受到攻击时具体化。让队长或老师发表一些极端言论（只是为了挑衅），要求全班同学逐一迅速起立（最好是自愿的），并即兴发表两到三分钟演讲来否定这些言论。一个话题的内容用尽之后，尝试另一个话题，直到全班都发言完毕。这里有一些示例挑战。如你所见，这些言论非常极端，足以引起不少反对意见，我们很容易发言去否认它们。

挑战：

大学间的体育运动是完全扭曲的。

商人要想成功，就必须自私。

国防招致战争。

世上没有诚实的政治家。

今天的年轻人不像五十年前那样有道德。

不仅老师，全班都可以集思广益想些其他挑战。

第六堂实践课

学习任务：研究“论证”。

演讲作业：事先选择一个辩论的主题，讨论主题的优缺点。这个问题应该是一个肯定的陈述，而不是一个否定的陈述。比如不能说：“解决了：战争是不能废除的。”陈述应该是肯定句。双方各有一个队长，并各有两名助手发言人。每一方都应会面以决定辩题这一方面的论证如何分工。

提出论点时，不要用到“反驳”（反驳对方论点的论点），直到进入反驳环节。

每个发言者应严格遵守规定的发言时间。

在指定的发言者完成后，其余的同学应参加一般性辩论，可以选择任何一方。选择会引起完全不同观点的辩题很重要。如果需要，可以任命一名“法官”。

第七堂实践课

课堂作业：学习本书第八课和第九课。

演讲作业：准备并发表一篇抨击性质的演讲，谴责某人或某事，进行公开指责。或许你从未被要求发表一篇意在抨击他人的演讲，然而，你也有可能会发表这种类型的演讲。总而言之，每一位演讲者都将在自己的演讲中，选取恰当的时机对某人或某事进行抨击。

重要的是专心地思考如何讲述错误观点并引发激愤。即使是虚构的恶言，当我们以不明智的方式沉溺其中时，假想出的轻视或侮辱也会成真。学习使用这个原则进行演讲。如果你的任务是抨击一名犯罪分子、一项臭名昭著的措施、一种欺骗行为、一种卑鄙的诡计，那么，你就需要专注、深入地思考，直到主题看起来很真实。记住，深厚的感情是雄辩之源。还有，这场演讲应该是温暖人心的。不要害怕展示无意识的手势、姿势和面部表情，包括斥责、鄙视、正当的愤慨等，将所有活力注入演讲。可以研究参议员瑟斯顿的演讲《为古巴呼吁》，第 172~177 页。

第八堂实践课

课堂作业：学习本书第十九课和第二十课。

演讲作业：准备并发表一篇被视为“鼓励”风格的演讲。这种演讲包括：中学或大学之间的校际体育比赛开始之前的热情发言；募集活动举办时面向工人发表的演讲；恳求不放弃某些困难的事业，以将其推向成功之路的演讲；旨在振奋公民的灵魂，以使其持续进行崇高事业的演讲等。

分析面临危机时的需求，面对不利形势，说明通过坚定的意志、勇气、牺牲，可以挽救令人惧怕的失败，获得最终的胜利。

这时，你可以自由且更加自然地使用姿势。思考这些姿势。什么样的手势、姿势和面部表情能够表达绝望、决心、勇气，什么样的情感能够产生上述这些情感和情绪？练习这些姿势和表情，直到演讲时可以自如地使用。不要僵硬地站着，多在讲台上走动一下。把双手拿出口袋，尽量使演讲生动活泼，因为此前，你已经仔细地思考了主题，你对于这个主题抱有强烈的情感。

这篇“鼓励”式的演讲或许只有三到四分钟的时间，但要花三到五个小时准备，让这篇演讲充满力量。

第九堂实践课

课堂作业：有规律地阅读数个章节序言的引用词句。学习第十一课和第十八课。

演讲作业：准备并发表一篇“推广”性质的演讲，即面向俱乐部、社团、协会、董事会或其他团体发表辩论性讲话，敦促听众采取某项政策或举措。城市议会或许会被要求采用新的交通管理体系、防火体系或慈善管理体系；基督教青年会或哥伦布骑士团、温尼伯犹太人社区中心或许会被敦促参与工程建设，商会或许需要重组以承担更多的工作，也可能是其他。将事实清楚地摆在听众眼前，不要满足于一般性的言论。这篇演讲责任重大，如果你无法将你的提议“推销出去”，计划就会失败。相信我，一定要努力让其圆满完成。这并不是说套话，而是要像棒球投手投球时的动作一样，让演讲充满动感活力。在五分钟之内圆满完成。可以借鉴优秀推销员的方法。

第十堂实践课

课堂作业：学习本书第十六课。

演讲作业：根据第六课的提纲展开辩论。检查附录 A 中第 130~142 页的提纲。

第十一堂实践课

课堂作业：学习本书第十三课、第十四课和第十五课。

演讲作业：准备并发表一篇“场合”演讲，即适用于某些特殊场合的讲话，例如：林肯或华盛顿的生日、植树节、阵亡将士纪念日、国庆日、劳动节、哥伦布纪念日、停战纪念日、感恩节、圣诞节、集会日、纪念日、典礼日、奠基日、向旅行者告别日、名人生日、老建筑里的最后一次会议纪念日、庆祝胜利日等。要记住，适合才是最重要的，演讲者必须始终牢记。不可使用陈词滥调，而是做好准备，用恰当的词汇、恰当的方式表达恰当的思想。演讲需要有原创性、欢乐性，也需要热情洋溢，切勿过度夸张。

第十二堂实践课

课堂作业：学习本书第六课、第十课和第十一课，检查第十四课。

演讲作业：餐后演讲。阅读附录 C 中提供的主题，也可以参考附录 D。这些主题或许能带给你灵感。记录下想说的内容，根据内容列出提纲。做好充分的准备，保持冷静，告诉自己：这篇演讲将会是你所发表过的演讲中最优秀的。如果你认为必须实现目标，那么你需要牢记演讲内容，虽然一般来说，死记硬背并非是最好的方式。

给教师的提示：

可以通过附加作业来延长课程时长，例如增加额外的辩论或额外的上课天数来学习第五课、第七课、第九课、第十一课和第十二课。

约瑟夫·伯格·埃森魏因